William Shakespeare

Dramatische Werke - Ein Sommernachtstraum

William Shakespeare

Dramatische Werke - Ein Sommernachtstraum

ISBN/EAN: 9783743642379

Hergestellt in Europa, USA, Kanada, Australien, Japan

Cover: Foto ©ninafisch / pixelio.de

Weitere Bücher finden Sie auf **www.hansebooks.com**

Ein Sommernachtstraum.

Von

William Shakespeare.

―――

Uebersetzt

von

Friedrich Bodenstedt.

Mit Einleitung und Anmerkungen.

Leipzig:
F. A. Brockhaus.
1869.

Ein Sommernachtstraum.

Einleitung.

In der Traumwelt löst sich das feste Gefüge der wirklichen Welt; das Starre wird beweglich, das Todte lebendig; Raum und Zeit verschwinden; Minuten dehnen sich zu Jahren aus, Jahre schrumpfen in Minuten zusammen; Berge verflüchtigen sich in Nebel, und der Nebel ballt sich zu Bergen; alle Naturgesetze sind aufgehoben, das Unmögliche wird möglich, und die eherne Nothwendigkeit verschwimmt in einem Meere von Willkür.

Der phantasievolle Mensch ist im Traume Seher, Künstler und Zauberer, und alledas mit unbeschränktem Vermögen. Sein Auge durchmißt die Vergangenheit und Zukunft, durchblitzt die finstersten Winkel des Gedächtnisses, um längst Vergessenes wieder ans Licht zu ziehen, schweift über die ganze Erde hin, wo alte Bekannte zerstreut wohnen, und findet sie auf in Blockhäusern und Prunkpalästen, in wildverwachsenen, lichtscheuen Urwäldern und augenblendenden Wüsten, in Dörfern und Städten der Alten und Neuen Welt.

Das Auge des träumenden Sehers wird zum Auge des schaffenden Künstlers, der das Ferne in lebenswahren, greifbaren Bildern und Gestalten vor sich hinzaubert. Der Künstler muß im bewußten Schaffen den Stoff des Darzustellenden sich erst mühsam zurechtlegen, und was er nicht aus eigener Anschauung kennt, durch vermittelnde Studien und Schilderungen sich aneignen; dem Träumenden gibt es ein Gott im Schlafe ein, mit unirrendem Auge alles unmittelbar zu sehen. Und er vermag nicht blos das greifbar Wirkliche, wenn auch noch so Entfernte: den Urwald, die Wüste, das Meer, Schneeberge und Salzsteppen, in seine Gegenwart zu bannen, er kann auch mit künstlerischer Freiheit und Vollendung Gebilde der wunderbarsten Art vor sich erstehen lassen, wie sie nie eines Menschen Auge gesehen.

Wer an Frühlingstagen den zu neuem Leben erwachenden Wald durchwandert und mit sinnigem Blick die feinen Gewebe betrachtet, mit welchen manche Gewächse ihre zarten Knospen schützend umhüllen, dem mag es wol scheinen, als ob unsichtbare Geister im Pflanzenreich webten und walteten, den Blumen, Büschen und Bäumen zur Obhut und Fürsorge, auf daß sie alle ihre Sendung erfüllen, nicht blos durch Blüte und Duft zu erfreuen, oder durch Frucht zu laben, sondern auch in blühender Vollendung sich selbst zu erneuen, damit die Krone wieder den Samen oder Kern trage, daraus die Wurzel entsprang.

Oder wer das nächtliche Leben im Walde beobachtet, wo das Treiben der den Menschen unheimlichen, lichtscheuen Thiere beginnt, welche die Nacht zum Tage machen, dem mögen leicht Gedanken an unholde Geister aufsteigen, die mit den Fledermäusen um die Wette flattern und das Nachtgezücht regieren.

Wer überhaupt gewohnt ist, bei der freigebig spendenden und tröstenden Natur Balsam für die Schmerzen und Ausgleichung für die Unebenheiten des wunderlichen Menschenlebens zu suchen, dem prägen sich unwillkürlich tausend Eindrücke und Bilder ein, die vor dem Lärm und Licht des Tages scheu verborgen, in der heimlichen Stille der Nacht plötzlich auftauchen, eigenthümliche Gestalt annehmen und ein eigenes Leben führen, und gerade dem Menschen selbst, der sie unbewußt in sich getragen und aus sich geboren, am fremdartigsten und wunderbarsten erscheinen.

Der Mensch kann im Traume sehen wie ein Prophet, fliegen wie ein Adler, Raum und Zeit — die ohnehin nur im Kopfe vorhanden sind — verschwinden machen wie der elektrische Funke, auf dem Wasser wandeln wie der Heiland, in Zungen reden wie die Apostel zu Pfingsten, fromm sein wie ein Heiliger, schaffen wie der größte Künstler; und er würde in der That der größte Zauberer, Prophet, Heilige, Wunderthäter und Künstler sein, wenn er im Stande wäre, das Traumleben im Wachen festzuhalten und fortzuführen.

Aber solche Gnade wurde in vielen Jahrtausenden nur wenig Auserwählten zutheil, und auch diesen nur in verhältnißmäßig geringem Grade oder nur nach einer Richtung hin. So entstanden die großen Dichter und Bildner des Ewigen, an denen erfüllt wurde, was einer von ihnen, unser Goethe, sagt:

> Was kann der Mensch auf Erden mehr gewinnen,
> Als daß sich Gottnatur ihm offenbare,
> Wie sie das Feste läßt in Geist verrinnen,
> Wie sie das Geisterzeugte fest bewahre.

In ähnlicher Weise hat Shakespeare seine Absicht beim Schaffen des „Sommernachtstraums" dargelegt in den berühmten Versen:

> Des Dichters Aug', in schönem Wahnsinn rollend,
> Blitzt auf zum Himmel und herab zur Erde,
> Und wie die Phantasie Gebilde schafft
> Von unbekannten Dingen, gibt die Feder
> Des Dichters ihnen Form und stattet so
> Das luft'ge Nichts mit Wohnsitz aus und Namen.

Aber, indem der Dichter die goldene Brücke aus der schatten=

haften Traumwelt in das sonnige Reich der Dichtung schlug, mußte
er die Schatten mit seinem eigenen Herzblut tränken und die ver=
schwommene Bilderflut mit künstlerischem Verstande sichten und
ordnen. An psychologisch motivirte Charakterentwickelung der ein=
zelnen Figuren war natürlich dabei nicht zu denken; um die Figuren
dramatisch wirksam zu machen, mußte Conflict, Umschwung und
Lösung durch von außen wirkende Mittel und Kräfte herbeigeführt
werden. Darum läßt der Dichter die luftige Geister= und Feen=
welt bestimmend in die Geschicke der handelnden Personen ein=
greifen, mit neckischem Uebermuth alles kreuzend und verwirrend,
um es dann doch zu gutem Ende zu führen.

Als Häupter, Ordner und Lenker des Ganzen erscheinen Oberon,
der König der Elfen, und Theseus, der Fürst von Athen. Durch
ihre ernste, überlegene, aber dem Scherze nicht unholde Sinnesart
bieten sie zugleich den nöthigen Contrast und die Erklärung zu dem
traumhaft bunten Treiben der übrigen Personen. Theseus ist gleich=
sam der Dolmetsch des Dichters, selbst im Ausdruck der Absichten
des Dramas und in der Würdigung des tragikomischen Zwischen=
spiels der Handwerker von Athen.

Die Handlung baut sich einfach genug auf. Theseus will seine
Vermählung mit der von ihm besiegten Amazonenkönigin Hippolyta
feiern und beauftragt den Ordner der Lustbarkeiten, Philostrat,
alles vorzubereiten, um das Fest fröhlich und glanzvoll zu machen.
Da tritt ihn Egeus an mit einer Klage gegen seine Tochter Her=
mia, die den ihr zum Gatten bestimmten und früher von ihr ge=
liebten Demetrius plötzlich verlassen hat, um sich Lysander zuzu=
wenden, der ihr Herz, wie der Vater sagt, durch Gedichte, Blumen
und Liebespfänder aller Art bezaubert hat. Und nun ist die schöne,
kleine Hermia, die schon in der Schule ihr eigenes Köpfchen hatte,
so starrsinnig in ihrer neuen Liebesbezauberung, daß die schlimmsten
Drohungen wirkungslos von ihr abprallen; sie will lieber in klöster=
licher Einsamkeit als Jungfrau sterben, als dem Demetrius ange=
hören, obgleich dieser sie ebenso glühend liebt und ebenso jung,
vornehm, schön und reich ist wie Lysander.

Demetrius hat früher für die hochgewachsene, schlanke Helena
geschwärmt, deren ganzes Herz ihm jetzt noch gehört, während das
seine plötzlich der kleinen Hermia entgegengeflogen ist, die von ihm
nichts wissen will. So läuft denn Helena in wahrer Liebesraserei
dem Demetrius nach, der sie verabscheut, und Demetrius der
Hermia, die ihn verabscheut.

Die durch das ganze Drama sich hinziehenden Kreuzungen und
Wandlungen dieses wunderlichen Verhältnisses, welches am Schlusse
durch Einwirkung Oberon's doch eine befriedigende Lösung findet,
hier einzeln zu erörtern, wäre eitel Raumverschwendung, da das

Verständniß des Textes keine Schwierigkeiten bietet, wenn der Leser im Auge behält, daß die schaffende und bewegende Macht des uns vorgeführten Traumlebens die Phantasie ist, und zwar auf Kosten des Verstandes und Herzens. Die Traumwelt ist eine phantastische Wunderwelt, und mit den Wundern hat der Verstand nichts zu schaffen. Die Phantasie zaubert sie hervor und das Herz glaubt daran.

Die wechselnden Schicksale der obengenannten Paare bilden den Mittelpunkt und Einschlag des Stücks, mit welchen sich dann die Fäden der übrigen drei Gruppen vielfach verweben.

Hier kommen zunächst Theseus und Hippolyta mit ihrem Gefolge als Vertreter der weltlichen Macht und Gewalt; dann als dritte Gruppe Oberon und Titania mit ihren Feen und Elfen, und endlich als vierte Gruppe die schauspielernden Handwerker aus Athen.

Gleich bei der ersten Begegnung Oberon's mit Titania (Aufzug 2, Scene 2) gewahren wir, daß es auch in den höchsten Regionen nicht ohne Aergerniß zugeht. Sie wirft ihm, außer andern Liebeleien, auch ein Verhältniß vor, welches er mit Hippolyta gehabt habe, zu deren Vermählung er jetzt vom fernen Indien hergekommen sei; er wirft ihr vor, mit Theseus auf zartem Fuße gestanden zu haben. Dann streiten sich die beiden um einen schönen indischen Knaben, den Hippolyta angenommen und den Oberon zum Knappen haben will. Sie sind gleichmäßig vernarrt in das Kind, und der Elfenkönig, um seine Gemahlin für die Hartnäckigkeit zu strafen, mit der sie es zurückhält, läßt ihr durch seinen schelmischen Diener Puck einen Zaubersaft auf die Augen träufeln, kraft dessen sie beim Erwachen sich in das erste beste Thier verlieben muß, das sie erblickt. Puck hat den genialen Zettel in einen Esel verwandelt, und Titania verliebt sich in ihn auf das zärtlichste. Zettel hatte sich mit einem Trupp atheniensischer Handwerker verabredet, das Hochzeitsfest des Theseus durch ein Zwischenspiel, betitelt „Die höchst klägliche Komödie und der höchst grausame Tod von Pyramus und Thisbe" zu verherrlichen. Die Vorbereitungen und Proben der handfesten Arbeitsleute zu diesem Zwischenspiel sowie das Stück selbst und dessen Aufführung sind das Ergötzlichste, was jemals ein Dichterhirn in glücklicher Laune ausgebrütet hat. Das Ganze ist eine Parodie der noch zu Shakespeare's Zeit in London üblichen Theaterzustände, und unverkennbar sind einige der Zwergfell erschütterndsten Züge dem Leben abgelauscht. (Vgl. die Anmerkungen am Schlusse.)

Wie sehr die heitere Wirkung erhöht wird durch das Gegenüberstellen und Ineinanderspielen der wie aus Duft und Licht geschaffenen, anmuthigen Feenwelt mit ihren feinen Scherzen, zierlichen Gesängen und Ringeltänzen, und der plumpen, hausbackenen Gesellen aus Athen, mit ihrer urwüchsigen Komik im Tragiren der kläglichen Geschichte von Pyramus und Thisbe, bedarf kaum der Andeutung.

Viele einzelne Züge zu der Gestaltung seiner Feen und ihrem phantastischen, reizvollen Treiben konnte Shakespeare dem lebendigen Volksglauben seiner Zeit an solche Blumen- und Traumgeister, sowie der in Vers und Prosa vielfach behandelten Feenmythologie entlehnen. Von der Feenkönigin fand er unter anderm schon einen Bericht in Chaucer's „Canterbury Tales", zu Anfang von „The Wif of Bathes Tale", wo erzählt wird, wie in den alten Tagen des Königs Arthur das ganze Land noch voll Feen und Elfen gewesen sei, und die Elfenkönigin mit ihrer lustigen Gesellschaft gar oft ihren Tanzreigen auf mancher grünen Wiese gehalten habe.

Bei Chaucer fand Shakespeare auch die Figuren des Theseus und der Hippolyta, sowie eine Schilderung ihres Krieges und ihrer Vermählung. Ebenda schöpfte der Dichter den Gedanken zu einer Jagd des Theseus und der Hippolyta, und endlich auch den Stoff zu dem Possenspiele von Pyramus und Thisbe.

Die Figur des Robin (good-fellow), der als Kobold (Puck) im „Sommernachtstraum" sein neckisches Wesen treibt, war eine so populäre, daß der Dichter aus den vielen landläufigen Geschichten nur herauszugreifen brauchte, was ihm zu seinen Zwecken paßte. Fast alle Streiche, die der Volksglaube dem schelmischen Robin zuschrieb, sind zusammengestellt in einer angeblich von Ben Jonson herrührenden Ballade, deren leichter Ton und hüpfendes Versmaß schon den kleinen Kobold charakterisiren. Ich lasse als Beispiel die zwei ersten Strophen in schneller Nachbildung folgen:

> Von Oberon im Feenland,
>   Dem Geisterkönig, meinem Herrn,
> Bin ich, Schelm Robin, ausgesandt
>   Zu nächt'ger Kurzweil nah und fern.
>   Auf Scherz und Spiel
>   Richt' ich mein Ziel,
> Durch jeden Winkel späh' ich froh,
>   Und mache mit
>   Und halte Schritt
> In Schelmenstreichen, ho ho ho!

> Ich fliege schneller als der Blitz,
>   Soweit die Erde Luft umweht;
> Im Handumdrehn erspäht mein Witz
>   Was unterm Monde vor sich geht.
>   Und wer mich sieht,
>   Und wer mich flieht,
> Ich werde seiner Aengste froh,
>   Ich späh' ihn aus,
>   Schick' ihn nach Haus,
> Schick' ihn nach Haus mit hohoho! u. s. w.

In der berühmten Schilderung, welche Oberon (Aufzug 2, Scene 2) seinem getreuen Puck von der Entstehung der Blume Lieb' in Müßiggang (Viola tricolor) gibt, haben die Commentatoren schon früh Allegorien und Anspielungen auf zeitgenössische Personen und Ereignisse finden wollen. Die meisten, auch unter den neuern Auslegern, sehen darin, nach Pope's Vorgang, eine der Königin Elisabeth, als der im Westen thronenden Vestalin, vom Dichter dargebrachte Huldigung. Das Unwahrscheinliche dieser Ansicht ist in den Anmerkungen am Schlusse näher aufgezeigt.

Hinsichtlich der Entstehungszeit des „Sommernachtstraums" schwanken die Angaben, oder richtiger Annahmen, zwischen den Jahren 1594—97. Daß die liebliche Dichtung schon vor 1598 entstanden sein muß, geht aus dem bekannten Verzeichniß Shakespeare'scher Dramen hervor, welches Francis Meres in seinem Buche „Palladis Tamia" (1598) gibt.

Die Annahme, daß der Dichter mit der Schilderung eines Misjahrs (Aufzug 2, Scene 1) auf den stürmischen, regnerischen und an Verheerungen aller Art reichen Sommer 1594 in England habe anspielen wollen, hat sehr viel für sich und macht es wahrscheinlich, daß das Stück in demselben Jahre oder kurz nachher entstanden sei, weil die Anspielung auf solche Naturereignisse nur wirksam sein konnte, solange diese noch frisch in der Erinnerung des Publikums lebten.

Aus dem Streite zwischen Titania und Oberon läßt der Dichter die Stürme, Seuchen, Misernten und Ueberschwemmungen entspringen, welche die armen Sterblichen heimsuchen; mit der Versöhnung der die Naturgewalten beherrschenden Geister kehrt alles in sein friedliches Gleis zurück.

Gedruckt erschien der „Sommernachtstraum" zuerst im Jahre 1600 in zwei Ausgaben in Quarto, wovon die erste und correcteste von Thomas Fisher, die andere etwas veränderte von James Roberts veröffentlicht wurde. Diese letztere ging in die Gesammtausgabe der Shakespeare'schen Dramen in Folio über, wo das Stück als achtes in der Reihe der „Comedies" steht, daselbst zuerst in Acte eingetheilt. Eine Eintheilung in Scenen und ein Personenverzeichniß findet sich erst in der Rowe'schen Ausgabe von 1709.

Ein Sommernachtstraum.

Ein Sommernachtstraum.

Personen.

Theseus, Herzog von Athen.
Egeus, Vater der Hermia.
Lysander, } Liebhaber der Hermia.
Demetrius,
Philostrat, Aufseher der Lustbarkeiten am Hofe des Theseus.
Squenz, der Zimmermann.
Schnok, der Schreiner.
Zettel, der Weber.
Flaut, der Bälgenflicker.
Schnauz, der Kesselflicker.
Schlucker, der Schneider.
Hippolyta, Königin der Amazonen, mit Theseus verlobt.
Hermia, Tochter des Egeus, in Lysander verliebt.
Helena, in Demetrius verliebt.
Oberon, König der Elfen.
Titania, Königin der Elfen.
Puck, oder Robin Gutgesell.
Bohnenblüte,
Spinnweb,   } Elfen.
Motte,
Senfsamen,
Pyramus,
Thisbe,
Wand,   } Personen des Zwischenspiels.
Mondschein,
Löwe,

Feen und Elfen im Gefolge Oberon's und Titania's. Gefolge des Theseus und der Hippolyta.

Scene: Athen und ein nahegelegener Wald.

Erster Aufzug.

Erste Scene.

Athen. Gemach im Palast des Theseus.

Theseus, Hippolyta, Philostrat und Gefolge.

Theseus.

Rasch naht die Hochzeitsstunde, meine holde
Hippolyta: vier selige Tage bringen
Den neuen Mond; doch ach! zu langsam schwindet
Der alte mir, hält mein Verlangen hin,
Wie eine Stiefmama dem Sohn sein Erbe,
Selbst lange davon zehrend, vorenthält.

Hippolyta.

Vier Tage werden rasch in Nacht sich tauchen,
Vier Nächte werden rasch die Zeit verträumen,
Und dann, dann, einem Silberbogen gleich
Neuaufgespannt am Himmel, scheint der Mond
Auf unsre Festnacht.

Theseus.

         Philostrat, geh, treibe
Die Jugend von Athen zu Lustbarkeiten,
Erweck' den leichten, raschen Geist der Freude;
Verscheuch' Melancholie zu Leichenzügen,
Der bleiche Gast taugt nicht für unsern Pomp.

(Philostrat ab.)

Hippolyta, mit meinem Schwerte hab' ich
Um dich geworben, an dir frevelnd hab' ich
Gewonnen deine Liebe; aber anders
Will ich dich frei'n: mit Festen, Pomp und Jubel.

(Es treten auf Egeus mit seiner Tochter Hermia, Lysander und Demetrius.)

Egeus.
Heil unserm Theseus, dem ruhmvollen Fürsten!

Theseus.
Dank, guter Egeus. Was bringst du uns Neues?

Egeus.
Voll Unmuth komm' ich her, mit einer Klage
Hier gegen meine Tochter Hermia. —
Tritt vor, Demetrius. — Mein edler Herr,
Hier diesen Mann bestimmt' ich ihr zum Gatten —
Tritt vor, Lysander — und, mein gnädiger Fürst,
Der Mann hat meines Kindes Herz bezaubert. —
Ja du, Lysander, du gabst meinem Kinde
Gedichte, tauschtest mit ihr Liebespfänder,
Du sangst bei Mondlicht unter ihrem Fenster
Erlognen Tons erlogne Liebeslieder
Und schlichst dich ein in ihre Phantasie
Mit Spangen deines Haars, mit Ringen, Tand,
Spielsachen, Naschwerk, Blumensträuschen — Boten
Von viel Gewicht bei zartgestimmter Jugend —;
Durch List entwandtst du meiner Tochter Herz,
Verkehrtest ihren kindlichen Gehorsam
In rauhen Starrsinn. — Und, mein gnäd'ger Fürst,
Dafern sie nicht vor Eurer Hoheit hier
Einwilligt, den Demetrius zu frei'n,
Fordr' ich das alte Vorrecht von Athen,
Mit ihr als meinem Eigenthum zu schalten;
Dann wird sie Gattin dieses Mannes, oder
Verfällt dem Tode, welchen unverzüglich
In solchem Falle das Gesetz bestimmt.

Theseus.
Nun, Hermia? Nimm Rath an, schönes Mädchen:
Dein Vater sollte wie ein Gott dir sein,
Der deine Schönheit formte, ja ein Gott,
Für den du nichts bist als ein Bild in Wachs
Von ihm geprägt, dem er nach seinem Willen
Die Form belassen oder nehmen mag.
Demetrius ist doch ein würd'ger Mann.

Hermia.
Lysander auch.

Theseus.
An sich betrachtet, wohl;

Doch da des Vaters Zustimmung ihm fehlt,
Muß dir der andre würdiger erscheinen.

Hermia.
Ach, säh' mein Vater doch mit meinen Augen!

Theseus.
Dein Auge muß mit seinem Urtheil sehn.

Hermia.
Ich bitte Euer Hoheit um Verzeihung.
Ich weiß nicht, welche Macht mir Kühnheit gibt
Noch wie ich meine Schüchternheit bezwinge,
Vor solchem Kreise frei heraus zu reden;
Doch bitt' ich Euer Hoheit, mir zu sagen,
Was Schlimmstes mich betreffen kann, wenn ich
Mich weigre den Demetrius zu frei'n.

Theseus.
Des Tods zu sterben, oder abzuschwören
Für immer jede männliche Gemeinschaft.
Drum, schöne Hermia, frage deine Wünsche,
Erforsche deine Jugend, prüf' dein Blut,
Ob du, fügst du dich nicht des Vaters Wahl,
Der Nonne Los ertragen kannst, auf immer
Im dumpfen Kloster eingesperrt zu sein,
Ein unfruchtbares Dasein zu verleben,
Dem kalten Monde matte Hymnen singend.
Dreimal gesegnet, die ihr Blut so meistern,
Solch jungfräulicher Pilgerschaft sich weihn;
Doch irdisch seliger die gelöste Rose,
Als die, auf jungfräulichem Dorn verweltend,
Blüht, lebt und stirbt in heiliger Einsamkeit.

Hermia.
So will ich blühn, so leben und so sterben,
Eh ich den Freibrief der Jungfräulichkeit
Dem opfre, dessen ungewünschtem Joche
Mein Herz die Oberherrschaft nicht gewährt.

Theseus.
Bedenk's noch wohl; und bei dem nächsten Neumond,
Am Tag, der zwischen mir und meiner Liebe
Der Herzen ewigen Bund besiegeln soll,
An jenem Tag bereite dich zu sterben

Für Ungehorsam gegen deinen Vater,
Frei'st du nicht, wie er wünscht, Demetrius;
Sonst, am Altar Dianens dich zu weihn
Auf immer strengem ehelosem Leben.

Demetrius.

Gib, holde Hermia, nach; — und du, Lysander,
Beug' deinen hohlen Anspruch meinem Recht.

Lysander.

Demetrius, du hast des Vaters Liebe,
Laß Hermia's mir: und nimm du ihn zum Gatten.

Egeus.

Ja, Spötter, meine Liebe hat er, und
Was mein ist, wird ihm meine Liebe geben.
Und sie ist mein, und alle meine Rechte
Auf sie vermach' ich an Demetrius.

Lysander.

Mein Fürst, ich bin so edlen Stamms wie er,
So reich an Gut, und reicher noch an Liebe;
Mein Glücksstand steht in jeder Art so hoch
Wie des Demetrius, wo nicht noch höher;
Und, was weit mehr als all der eitle Ruhm
Besagt, mich liebt die schöne Hermia:
Was sollt' ich also nicht mein Recht verfolgen?
Demetrius — ich sag's ihm auf den Kopf —
Umwarb die Tochter Nedar's, Helena,
Und er gewann ihr Herz. Die holde Jungfrau,
Mit wahrer Andacht, ja Abgötterei
Schwärmt sie für diesen treulos schuldigen Mann.

Theseus.

Ich muß gestehn, das hab' ich auch vernommen,
Und wollt' es mit Demetrius besprechen;
Doch überhäuft von eigenen Geschäften
Vergaß ich's ganz.— Komm jetzt, Demetrius;
Und du auch, Egeus: ihr sollt mich begleiten,
Euch beide insgeheim zurechtzuweisen. —
Du, schöne Hermia, suche dich zu waffnen,
Die Launen nach des Vaters Sinn zu fügen;
Sonst weiht dich das athenische Gesetz,
Das wir auf keine Weise mildern können,

Erster Aufzug. Erste Scene.

Dem Tode oder klösterlichem Leben. —
Wie geht's, Hippolyta? Komm her, Geliebte! —
Demetrius und Egeus, folgt uns nach:
Ich muß in Hochzeitsangelegenheiten euch
Beschäftigen und daneben mit euch sprechen
Von etwas, das euch selber nah betrifft.

Egeus.

Dienstwillig und mit Freuden folgen wir.
(Theseus, Hippolyta, Egeus, Demetrius und Gefolge ab.)

Lysander.

Nun, Herz, warum so bleich ist deine Wange?
Wie sind die Rosen dort so schnell verwelkt?

Hermia.

Sie brauchen Thau wol; o, ein ganz Gewitter
Aus meinen Augen könnte sie erfrischen!

Lysander.

Weh mir! Nach allem, was ich je gelesen,
Was ich vernommen aus Geschicht' und Sage,
Rann nie der Strom der treuen Liebe sanft:
Denn bald war sie verschieden in Geburt —

Hermia.

O Qual: zu hoch, dem Niedern zu gehören!

Lysander.

Bald gar zu ungleich in Betreff der Jahre —

Hermia.

O Schmach: zu alt, an Jugend sich zu binden!

Lysander.

Bald hing sie von der Wahl der Freunde ab —

Hermia.

O Hölle: Liebeswahl durch fremde Augen!

Lysander.

Und wenn aus Sympathie die Wahl entsprang,
Belagerte Krieg, Krankheit, Tod die Liebe,
Daß sie entschwebte wie ein flücht'ger Schall,
Schnell wie ein Schatten, kurz wie nur ein Traum,

Oder dem Blitz gleich in kohlschwarzer Nacht,
Der jählings Erd' und Himmel leuchtend zeigt
Und, eh man Zeit zu sagen hat: sieh, sieh!
Vom Schlund der Finsterniß verschlungen ist:
So schnell verdunkelt sich das Glänzende.

Hermia.

Ward immer treue Liebe denn gekreuzt,
Muß es wol Rathschluß so des Schicksals sein;
Laß unsre Prüfung denn Geduld erlernen,
Weil so von je zur Liebe Leid gehört,
Wie Grübeleien, Träume, Seufzer, Wünsche
Und Thränen zum Gefolg der Schwärmerei.

Lysander.

Ein guter Rath! Doch hör' mich, Hermia:
Ich hab' 'ne Muhme, eine alte Witwe,
Die reich an Gütern ist, und kinderlos;
Ihr Haus liegt wenig Stunden von Athen;
Sie liebt mich als wär' ich ihr einziger Sohn.
Dort, holde Hermia, woll'n wir uns vermählen,
Dorthin vermag Athens grausam Gesetz
Uns nicht zu folgen. Drum, wenn du mich liebst,
Stiehl morgen nachts dich aus des Vaters Hause;
Und in dem Wald, 'ne Stunde vor der Stadt,
Wo ich dich einstmals traf mit Helena
Bei eines Maienmorgens Feierdienst,
Erwart' ich dich.

Hermia.

    Lysander, mein Geliebter!
Ich schwör' es bei Cupido's stärkstem Bogen,
Bei seinem besten Pfeil mit goldner Spitze,
Bei der Arglosigkeit von Venus' Tauben,
Bei dem, was Herzen knüpft in Treu und Glauben,
Und bei der Glut, in welcher Dido brannte,
Als der Trojaner falsch sich von ihr wandte,
Bei allen Männerschwüren, die gebrochen —
Zahlreicher, als je Frauen ausgesprochen —
Ich komme morgen sicher, süßes Leben,
Zu jenem Ort, den du mir angegeben.

Lysander.

Halt Wort, Geliebte! — Da kommt Helena.
     (Helena tritt auf.)

Erster Aufzug. Erste Scene.

Hermia.
Gott grüß dich, schöne Helena! Wohin?

Helena.
Nennst du mich schön? Nein, sag' daß ich's nicht bin.
Dich liebt Demetrius, beglückte Schöne!
Dein Auge ist ein Leitstern, und die Töne
Der Lippe süßer als der Lerche Sang
Dem Hirten in des Frühlings Blütendrang.
Krankheiten stecken an; o wär's desgleichen
Mit Schönheit, strebt' ich deine zu erreichen!
Dein Aug' und deine Stimme würden mein,
Und meine Zunge voll von Wohllaut sein.
Wär' mein die Welt und ließest du nur mir
Demetrius, gäb' ich das andre dir.
O lehr' mich, wie du blickst, durch welche Kunst
Demetrius so wirbt um deine Gunst!

Hermia.
Ich blicke finster, dennoch liebt er mich.

Helena.
O daß mein Lächeln deinem Blicke glich'!

Hermia.
Ich geb' ihm Flüche, doch er gibt mir Liebe.

Helena.
O weckte doch mein Fleh'n ihm solche Triebe!

Hermia.
Je mehr ich hasse, je mehr liebt er mich.

Helena.
Je mehr ich liebe, je mehr haßt er mich.

Hermia.
An seiner Thorheit trag' ich keine Schuld.

Helena.
Allein dein Reiz: wär' der doch meine Schuld!

Hermia.
Nimm Trost: ich geh' aus seinen Augen fort,
Ich und Lysander fliehen diesen Ort.

O, vordem eh Lysander ich gesehn,
Wie schien mir da ein Paradies Athen!
Nun, welche Huld hat Liebe mir gewährt,
Da sie den Himmel mir zur Hölle kehrt?

Lysander.

Hör', Helena, wie unser Plan erdacht.
Sobald im Wellenspiegel morgen Nacht
Ihr Silberantlitz Phoebe sieht erneut
Und feuchte Perlen auf die Fluren streut,
Zur Zeit, wo Liebe flüchtet ungesehn,
Entfliehn wir aus den Thoren von Athen.

Hermia.

Und in dem Wald, wo oftmals ich und du
Auf Blumenbetten pflogen sanfter Ruh,
Wo unsre Herzen schwesterlich einander
Sich öffneten, da trifft mich mein Lysander.
Von da geht in die Fremde unser Lauf;
Wir suchen neue Freundschaftsbande auf.
Leb' wohl, Gespielin: bet' für unser Heil;
Dir werde dein Demetrius zutheil! —
Halt Wort, Lysander! Nun bis morgen Nacht
Fehlt unserm Blick was Liebe selig macht.

(Hermia ab.)

Lysander.

Vertrau mir! — Helena, leb' wohl; Gott gebe,
Daß bald Demetrius ganz dir nur lebe!

(Lysander ab.)

Helena.

Den einen trifft das Glück, den andern nie!
Man hält mich in Athen für schön wie sie;
Was hilft mir's, da Demetrius mit Fleiß
Nicht wissen will was jeder andre weiß!
Wie er sich irrt, der nur an Hermia denkt,
So ich, die nur auf ihn die Blicke lenkt.
Mag etwas noch so schlecht und haltlos sein,
Die Liebe kann ihm Würd' und Ansehn leihn;
Sie sieht mit dem Gemüth, nicht mit den Augen,
Und ihr Gemüth kann nie zum Urtheil taugen,
Drum malt man ja den Gott der Liebe blind
Und bildet ihn geflügelt und als Kind:
Blindheit und Flügel deuten an zumal,
Daß er sich täuscht in übereilter Wahl;

Erster Aufzug. Zweite Scene.

Wie lose Knaben sich im Spiel belügen,
Läßt er durch falsche Schwüre sich betrügen.
Mir schwur Demetrius Liebe hoch und theuer,
Bevor er fing von Hermia's Augen Feuer;
Doch kaum erwärmt von ihr, sein Hagelschauer
Von Schwüren schmolz und hatte keine Dauer.
Ich will von Hermia's Flucht ihm Kunde bringen,
Dann wird er morgen Nacht den Wald durchdringen
Auf ihrer Spur; und wenn er Dank mir weiß
Für diese Kunde, ist's ein theurer Preis;
Doch ist sein Anblick schon ein schmerzlich Glück!
Ich werd' ihn hingehn sehen und zurück.
(Helena ab.)

Zweite Scene.

Eine Stube im Hause des Peter Squenz.

Squenz, Schnock, Zettel, Flaut, Schnauz und Schlucker kommen.

Squenz.

Ist unsere ganze Gesellschaft beisammen?

Zettel.

Du thätest am besten, sie alle im ganzen aufzurufen, Mann für Mann, wie sie auf dem Blatte stehen.

Squenz.

Hier ist das Verzeichniß von jedermanns Namen, der in ganz Athen für fähig gehalten wird, in unserm Zwischenspiel vor dem Herzog und der Herzogin an ihrem Hochzeitstag abends zu spielen.

Zettel.

Erst, guter Peter Squenz, sag', wovon das Stück handelt, dann verlies die Namen der Spieler, und so komm zur Sache.

Squenz.

Ei, unser Stück ist: Die höchst klägliche Komödie, und der höchst grausame Tod von Pyramus und Thisbe.

Zettel.

Ein sehr gutes Stück Arbeit, das versichere ich euch, und lustig. Nun, guter Peter Squenz, ruf die Spieler nach der Rolle auf. — Meisters, tretet auseinander.

Squenz.

Antwortet, wie ich euch rufe. Klaus Zettel, der Weber.

Zettel.

Hier. Sag', was ich für einen Part habe, und dann weiter.

Squenz.

Du, Klaus Zettel, mußt den Pyramus spielen.

Zettel.

Was ist Pyramus? ein Liebhaber, oder ein Tyrann?

Squenz.

Ein Liebhaber, der sich selbst höchst tapfer aus Liebe umbringt.

Zettel.

Das wird etliche Thränen kosten, wenn es wahrhaftig dargestellt wird. Wenn ich's thue, laßt die Zuschauer nach ihren Augen sehen: ich will Thränenfluten erregen, ich will einigermaßen lamentiren. Im übrigen geht mein Humor doch eigentlich auf einen Tyrannen; ich könnte den Hercules wunderbar spielen, oder so eine grimmige Rolle, um alles kurz und klein zu schlagen.

Der Felsen Wuth
Mit Stoß und Glut
Zersprengt die Hut
Vom Kerkerthor;

Und Phoebus' Karrn
Rollt wie im Sparrn
Und macht zu Narrn
Den Schicksalschor.

Das war erhaben! Nun ruf die andern Spieler auf. Ja, ich habe eine Herculesader, eine Tyrannenader; ein Liebhaber muß lamentabler sein.

Squenz.

Franz Flaut, der Bälgenflicker.

Flaut.

Hier, Peter Squenz.

Squenz.

Du mußt Thisbe übernehmen.

Flaut.

Was ist Thisbe? ein irrender Ritter?

Squenz.

Es ist die Dame, die Pyramus lieben muß.

Flaut.

Nein, meiner Treu, laßt mich keine Frau spielen; ich kriege schon einen Bart.

Squenz.

Das ist einerlei. Du sollst es in einer Maske spielen, und du kannst so fein sprechen wie du willst.

Zettel.

Wenn ich mein Gesicht maskiren darf, so laßt mich auch Thispe spielen. Ich will in einer ungethümlich feinen Stimme sprechen; „Thispe! Thispe!" „Ach Pyramus, mein Liebster schön! deine Thispe schön, und Fräulein schön!"

Squenz.

Nein, nein: du mußt Pyramus spielen; und du, Flaut, Thispe.

Zettel.

Gut, weiter!

Squenz.

Matz Schlucker, der Schneider.

Schlucker.

Hier, Peter Squenz.

Squenz.

Matz Schlucker, du mußt Thispe's Mutter spielen. — Thoms Schnauz, der Kesselflicker.

Schnauz.

Hier, Peter Squenz.

Squenz.

Du Pyramus' Vater; ich selbst Thispe's Vater. — Schnock, der Schreiner, du mußt den Löwen spielen. Und so wäre, mein' ich, das Stück gut besetzt.

Schnock.

Hast du die Rolle des Löwen aufgeschrieben? Wenn das ist, bitte, gib sie mir; denn ich lerne schwer auswendig.

Squenz.

Du kannst sie extempore spielen; du brauchst blos zu brüllen.

Zettel.

Laß mich den Löwen auch spielen! Ich will brüllen, daß es

jedem Menschenherzen wohl thun soll, mich zu hören; ich will brüllen, daß der Herzog sagen soll: „Noch einmal brüllen, noch einmal brüllen!"

Squenz.

Wenn du es zu schrecklich machtest, so würdest du die Herzogin und die Damen erschrecken, daß sie schrieen; und das brächte uns alle an den Galgen.

Alle.

Ja, das brächte uns an den Galgen, alle wie wir da sind.

Zettel.

Zugegeben, Freunde, wenn ihr die Damen so erschrecktet, daß sie um ihren Verstand kämen, dann wären sie unverständig genug, uns zu hängen; aber ich will meine Stimme forciren, ich will euch so sanft brüllen wie ein junges Täubchen, ich will brüllen, als wär's eine Nachtigall.

Squenz.

Du kannst keine Rolle spielen als den Pyramus; denn Pyramus ist ein Mann von süßem Antlitz, ein hübscher Mann, wie man ihn nur an Sommertagen zu sehen kriegt, ein liebenswürdiger, feiner Cavalier: darum mußt du durchaus den Pyramus spielen.

Zettel.

Gut, ich nehm' es auf mich. Mit was für einem Barte würde ich ihn am besten spielen?

Squenz.

Mit welchem du willst.

Zettel.

Ich will ihn herausbringen entweder mit dem strohfarbenen Bart, oder mit dem orangegelben Bart, oder mit dem carmoisinrothen Bart, oder mit dem französischen Kronenbart, mit dem ganz gelben.

Squenz.

Manche Gesichter auf den französischen Kronen haben gar keine Haare, und so kannst du ihn auch rasirt spielen. — Aber, Meisters, hier sind eure Rollen, und ich muß euch bitten, ersuchen und angehen, sie bis morgen Abend zu lernen, und euch dann in dem Haine beim Palast, eine Meile von der Stadt, bei Mondschein einzufinden: da wollen wir probiren; denn wenn wir in der Stadt zusammenkommen, werden wir ausgespürt, kriegen Gesellschaft und unser Plan wird verrathen. Inzwischen will ich ein Verzeichniß der Requisiten anfertigen, die wir zu unserm Spiel brauchen. Ich bitte euch, bleibt nicht aus.

Zettel.

Wir werden kommen, und da können wir recht unverschämt und herzhaft probiren. Gebt euch Mühe; lernt gut! Adieu.

Squenz.

Bei der Herzogseiche treffen wir uns.

Zettel.

Dabei bleibt's, es mag biegen oder brechen.

(Alle ab.)

Zweiter Aufzug.

Erste Scene.
Wald bei Athen.

Eine **Fee** und **Puck** kommen von verschiedenen Seiten.

Puck.

Nun, Geist, wohin geht die Reise?

Fee.

Ueber Hügel und Thal,
Durch Dornbusch und Strauch,
Ueber Zaun und Pfahl,
Durch Fluten und Rauch
Schweif' ich, wand'r' ich überall,
Schneller als der Mondenball;
Im Dienst der Feenkönigin
Thau' ich aufs Grün hier Kreise hin.
Die Primeln stehn als Ehrenwacht
In rothgesprenkter, goldner Tracht;
Hier sind Rubinen, Feeengaben,
Die uns mit ihren Düften laben.

Thautropfen such' ich nun hervor,
Häng' eine Perl' in jeder Primel Ohr.
Leb wohl, du Kobold; ich muß fürbaß gehn.
Gleich kommt die Königin mit ihren Feen.

Puck.

Der König will zur Nacht hier festlich walten:
Gib Acht, die Königin von ihm fern zu halten;
Denn Oberon ist zornvoll ihr gesinnt,
Weil sie als Pagen hat ein Königskind
Geraubt aus Indien, einen holden Knaben
Geschmückt mit aller Reize Wundergaben;
Und eifersüchtig fordert Oberon ihn,
Den Forst mit ihm als Knappe zu durchziehn;
Doch sie hält das geliebte Kind zurück,
Schmückt es mit Blumen, nennt's ihr einzig Glück.
Nun treffen sie sich nie in Flur und Hain,
Beim klaren Quell, der Sterne Flimmerschein,
Daß sie nicht streiten zu der Elfen Schrecken,
Die scheu in Eichelnäpfe sich verstecken.

Fee.

Wenn du nicht ganz dich zu verstellen weißt,
Bist du der neck'sche kleine Poltergeist,
Der Puck, der auf dem Dorf die Mädchen schreckt,
Die Milch abrahmt, ins Butterfaß sich steckt,
Daß sich die Hausfrau dann beim Buttern quält
In eitler Müh, bis ihr der Athem fehlt;
Auch Bier verdirbst du; ohne Rast und Ruh
Führst du Nachtwandrer irr, und lachst dazu.
Doch wer dir schmeichelt, kleiner Poltergeist,
Dem hilfst du gern, und es gelingt zumeist.
Bist du nicht Puck?

Puck.

    Ganz recht, der und kein andrer.
Ich schweife nachts umher, ein lust'ger Wandrer.
Oft lacht zu meinen Scherzen Oberon:
Ich locke wiehernd mit des Füllens Ton
Die Stute; bald als Apfel lieg' ich in
Dem Warmbiernapf der Frau Gevatterin,
Stopf' ihr den Mund und gieß' in neck'scher Lust
Den Trank ihr auf die welke Hängebrust.
Die Muhme, wenn mit wichtigem Gesichte
Sie auskramt ihre traurigste Geschichte,
Hält oft für ihren Schemel mich; dann plötzlich
Entschlüpf' ich ihrem Sitzfleisch, und ergötzlich
Für alle stürzt sie hin mit lautem Schrei'n,
Und alle fallen lärmend, lachend ein,

Sie halten sich die Seiten, prusten, niesen;
Der Spaß wird als der beste Spaß gepriesen. —
Doch Platz, ihr Feeen! Da kommt Oberon.

Fee.

Und hier die Königin. Wär' er doch davon!

Zweite Scene.

Oberon kommt mit seinem Zuge von der einen Seite, Titania
mit dem ihrigen von der andern.

Oberon.

Stolze Titania, ein schlimm Begegnen
Bei Mondschein!

Titania.

Eifersücht'ger Oberon! —
Hinweg, ihr Feen, von hier! Verschworen hab' ich,
Mich ihm zu nähern und ihm hold zu sein.

Oberon.

Halt ein, Vermeßne! Bin ich nicht dein Herr?

Titania.

Dann muß ich wol dein Weib sein; doch ich weiß,
Wie du dich fortstahlst aus dem Feeenland,
Und saßest tagelang als Corydon,
Und spieltest auf dem Haferrohr, und sangst
Von Minne der verliebten Phyllida.
Warum von Indiens fernsten Bergen kommst
Du jetzt hierher, als weil die Amazone,
Dein üppig hochgeschürztes Heldenlieb,
Mit Theseus sich vermählen soll? Du kommst,
Um ihren Bund mit Heil und Glück zu weihn.

Oberon.

Titania, wie wagst du anzuspielen
Auf mein Verhältniß zu Hippolyta,
Da du doch weißt, ich kenne deine Liebe
Zu Theseus? Locktest du im Dämmerlichte
Der Nacht ihn nicht von Perigunen weg,
Die er vorher entführt? Warst du nicht schuld,
Daß er der schönen Aegle Treue brach,
Der Ariadne und Antiopa?

Ein Sommernachtstraum.

Titania.

Das sind die Grillen deiner Eifersucht.
Nie seit Beginn des Sommers trafen wir
Am Hügel uns, in Thal, Wald oder Wiese,
Am Schilfbach oder bei der Kieselquelle,
Noch auf dem Dünensand am Meeresstrande,
Zum Windespfeifen unsern Reih'n zu tanzen,
Daß dein Gezänk uns nicht die Lust gestört.
Drum sog der Wind, der uns vergeblich pfiff,
Gleichwie zur Rache, gift'ge Nebel aus
Dem Meere auf, die fielen auf das Land
Und machten jeden winz'gen Fluß so stolz,
Daß er sein Wasser brausend überströmte.
Drum trägt der Stier sein Joch umsonst, der Pflüger
Vergeudet seinen Schweiß, das grüne Korn
Verfault, eh seine Jugend bärtig wird;
Leer steht die Hürd' im überschwemmten Feld,
Vom Aas der Heerde mästen sich die Raben,
Verschlammt vom Lehme liegt die Kegelbahn,
Unkennbar sind die lauschigen Labyrinthe
Im üppigen Grün, weil niemand sie betritt.
Den Menschen fehlt sogar ihr Winter jetzt;
Nachts tönt kein Weihnachtslied und keine Hymne.
Drum wäscht der Mond, der Fluten Lenker, bleich
In seinem Zorn, die ganze Luft, daß rings
Sich fieberhafter Flüsse viel erzeugen.
Durch eben diese Störung wandeln sich
Die Jahreszeiten um: weißhaupt'ger Frost
Fällt in den frischen Schos der Purpurrose,
Und auf des alten Winters eisiger Krone
Prangt, wie zum Hohn, von süßen Sommerknospen
Ein duft'ger Kranz. Der Frühling und der Sommer,
Fruchtbarer Herbst und mürrischer Winter wechseln
Gewohnte Tracht, und die erstaunte Welt
Kennt an der Frucht nicht mehr, was jeder ist.
Und diese Ausgeburt von Uebeln kommt
Von unserm Streit, von unserm Zwiespalt her;
Wir zeugen sie, wir sind ihr Grund und Ursprung.

Oberon.

So hilf dem Unheil ab; es liegt an dir.
Was trotzt Titania ihrem Oberon?
Nichts wünsch' ich als ein kleines Wechselkind
Zu meinem Knappen.

Titania.

Gib dein Herz zur Ruh,
Nicht um das Feeenland laß' ich dies Kind;
Denn seine Mutter war von meinem Orden,
Und nachts in Indiens durchwürzter Luft
Hat sie gar oft geschwatzt an meiner Seite:
Sie saß mit mir auf gelbem Sand Neptun's
Und spähte nach den Schiffen auf der Flut,
Wenn lachend wir die Segel sahn empfangen
Und schwanger werden von dem üpp'gen Winde:
Dies ahmte sie mit zierlich schwankem Gange —
Ihr Leib trug damals meinen kleinen Pagen —
Gern nach, und segelt' auf dem Land umher,
Mir Spielerein zu holen und zu bringen,
Wie von der Reise kommend reich an Waaren.
Doch sie, ein sterblich Weib, starb an dem Kinde;
Und ihr zu Lieb zieh' ich den Knaben auf,
Und ihr zu Lieb will ich von ihm nicht lassen.

Oberon.

Wie lang' gedenkt ihr hier im Hain zu weilen?

Titania.

Vielleicht bis nach des Theseus Hochzeitstag.
Willst du nun mit in unserm Reigen tanzen
Und unser Spiel im Mondschein sehn, so komm;
Sonst meide mich, wie ich dich meiden werde.

Oberon.

Gib mir den Knaben, und ich geh' mit dir.

Titania.

Nicht um dein Feeenreich. — Hinweg, ihr Feen;
Es gibt noch offnen Streit, wenn wir nicht gehn.

(Titania mit ihrem Zuge ab.)

Oberon.

Geh nur: du bleibst gebannt in diesen Hain,
Bis du gebüßt für die Beleidigung. —
Mein holder Puck, komm her! Weißt du noch wol,
Wie ich einst saß auf einem Vorgebirge
Und eine Meermaid, die ein Delphin trug,
So süße Melodien singen hörte,
Daß selbst die wilde Flut sich sänftigte
Und Sterne toll aus ihren Sphären schossen,
Der Meermaid Sang zu lauschen?

Puck.
Ja, ich weiß.

Oberon.
Grad zu der Zeit sah ich — du konntest nicht —
Cupido zwischen Mond und Erde fliegen
In voller Wehr: er zielt' auf eine schöne
Vestalin, irgendwo im Westen thronend,
Und schoß den Liebespfeil so scharf vom Bogen,
Als sollt' es hunderttausend Herzen gelten;
Doch in des feuchten Mondes keuschen Strahlen
Sah ich Cupido's feurigen Pfeil erlöschen;
Die königliche Priesterin ging weiter
In jungfräulichem Sinnen, liebefrei.
Doch merkt' ich wohl, wohin der Pfeil sich senkte:
Er fiel auf eine kleine Blum' im Westen,
Vorher milchweiß, jetzt purpurn durch die Wunde,
Von Mädchen „Lieb' in Müßiggang" genannt.
Hol' mir die Blum'; einst zeigt' ich dir das Kraut;
Ihr Saft, geträufelt auf entschlafne Wimpern,
Macht Mann sowol wie Weib in das Geschöpf,
Das sie zuerst erblicken, toll verliebt.
Hol' mir das Kraut; und sei zurück geschwinder,
Als der Leviathan eine Meile schwimmt.

Puck.
Rund um die Erde zieh' ich einen Gürtel
In viermal zehn Minuten.

(Puck ab.)

Oberon.
Hab' ich erst
Den Saft, träufl' ich ihn auf Titania's Augen,
Wenn sie im Schlafe liegt; erwacht sie dann,
Wird sie das erste Wesen das sie sieht —
Sei es ein Löwe, Bär, Wolf oder Stier,
Ein zänk'scher Pavian, ein bebender Affe —,
Mit zärtlich inniger Liebesglut verfolgen.
Und eh ich diesen Zauber von ihr nehme —
Was leicht ich durch ein ander Kraut vermag —
Zwing' ich sie, mir den Knaben auszuliefern.
Doch wer kommt da? Ich berge mich dem Blick,
Um das Gespräch des Paares zu belauschen.

Zweiter Aufzug. Zweite Scene.

(Demetrius tritt auf; ihm folgt Helena.)

Demetrius.

Ich lieb' dich nicht, darum verfolg' mich nicht!
Wo ist Lysander? wo ist Hermia?
Den einen bring' ich um, die andre mich.
Du sagtst, sie schlichen sich in diesen Wald;
Und hier bin ich, ganz wild in dieser Wildniß,
Weil ich nicht meine Hermia treffen kann.
Hinweg mit dir, und folge mir nicht mehr!

Helena.

Du ziehst mich an, hartherziger Magnet;
Und doch ziehst du kein Eisen an: mein Herz
Ist treu wie Stahl; hör' auf mich anzuziehn,
So werd' ich auch aufhören dir zu folgen.

Demetrius.

Verlock' ich dich? sag' ich dir schöne Dinge?
Sag' ich vielmehr dir nicht in nackter Wahrheit:
Ich liebe dich nicht, kann dich niemals lieben?

Helena.

Und deshalb lieb' ich dich nur um so mehr.
Ich bin dein Hündchen; und, Demetrius,
Schlägst du mich, um so mehr will ich dir schmeicheln.
Brauch' mich nur als dein Hündchen: stoß mich, schlag mich,
Beacht' mich nicht, verlier mich; nur erlaube,
Unwürdig wie ich bin, daß ich dir folge.
Welch schlechtern Platz kann ich in deiner Liebe
Erbitten — und für mich doch hoch von Werth —,
Als daß du mich wie deinen Hund behandelst?

Demetrius.

Reiz' nicht zu sehr den Haß mir im Gemüth,
Denn ich bin krank, wenn ich dich nur erblicke.

Helena.

Und ich bin krank, wenn ich dich nicht erblicke.

Demetrius.

Wie wenig sittsam handelst du, die Stadt
So zu verlassen und dich preiszugeben
Den Händen eines Manns, der dich nicht liebt;
Den Lockungen der Nacht, dem schlimmen Rathe

Verführerischer Einsamkeit den reichen
Schatz der Jungfräulichkeit anzuvertraun.

Helena.

Mein Schutz ist deine Tugend: ihr vertrau' ich.
Es ist nicht Nacht, wenn ich dein Antlitz sehe,
Darum denk' ich, ich sei nicht in der Nacht;
Auch fehlt's hier nicht an Welten von Gesellschaft,
Denn du bist ja für mich die ganze Welt.
Wie kann man sagen nun, ich sei allein,
Da doch die ganze Welt hier auf mich schaut?

Demetrius.

Ich eile fort, im Dickicht mich zu bergen;
Dich überlaß' ich hier den wilden Thieren.

Helena.

Das wildeste hat nicht solch Herz wie du.
Flieh, wenn du willst; die Fabel kehrt sich um:
Apollo flieht, und Daphne treibt die Jagd;
Den Greif verfolgt die Taube, und die Hindin
Jagt einem Tiger nach. Vergebne Eile,
Wenn Tapferkeit entflieht, Feigheit verfolgt!

Demetrius.

Ich steh' nicht länger Rede; laß mich gehn,
Und wenn du mich verfolgst, so zweifle nicht,
Ich thu' dir noch ein Leides an im Walde.

Helena.

Ach ja, im Tempel, in der Stadt, im Freien
Thust du mir Leids an. Pfui, Demetrius!
Dein Unglimpf würdigt mein Geschlecht herab.
Die Frau kämpft nicht um Liebe, wie der Mann:
Man wirbt um sie, die selbst nicht werben kann.
Ich folge dir und sterb' im Leid beglückt,
Wenn deine Hand dem Leben mich entrückt.

(Demetrius und Helena ab.)

Oberon.

Leb', Nymphe, wohl: eh er verläßt den Hain,
Sollst du ihn fliehn, und er dir Liebe weihn.

(Puck tritt wieder auf.)

Hast du die Blume? Sei willkommen, Wandrer!

Zweiter Aufzug. Dritte Scene.

Puck.

Ja, hier ist sie.

Oberon.

Ich bitte, gib sie mir.
Kennst du den Hügel, wo man Thymian pflückt,
Vor Schlüsselblumen sich das Veilchen bückt,
Wo hoch und dicht zu üppigen Gewinden
Geisblatt und wilde Rosen sich verbinden?
Da ruht Titania einen Theil der Nacht,
Von Blumen, Tanz und Spiel in Schlaf gebracht;
Die Haut, dort abgestreift von bunten Schlangen,
Genügt um Elfenleiber zu umfangen;
Und mit dem Saft will ich ihr Auge netzen,
Das wird in wüste Träume sie versetzen.
Nimm auch davon, und such' umher im Wald:
Ein hold athenisch Mädchen siehst du bald,
Die einen Jüngling liebt, der sie verschmäht;
Netz' ihn, doch so, daß er sie gleich erspäht,
Sobald er aufwacht. Leicht kennst du den Mann:
Er hat athenische Gewänder an;
Mach' alles so, daß stärker seine Triebe
Für sie nun sei'n, als vorher ihre Liebe.
Und triff mich vor dem ersten Hahnenschrei.

Puck.

Verlaß dich, Herr, auf deines Dieners Treu.

(Beide ab.)

Dritte Scene.

Ein anderer Theil des Waldes.

(Titania kommt mit ihrem Zuge.)

Titania.

Kommt jetzt zum Ringeltanz und Feengesang!
Dann aber fort im Drittel der Minute:
Ihr tödtet Würmer in den Rosenknospen;
Ihr andern führt mit Fledermäusen Krieg,
Daß wir aus ihren Flügelhäuten Kleider
Für meine kleinen Elfen machen; ihr da

Verscheucht die Eule, die verwundert krächzt
Bei unsrer Nachtlust. Singt mich nun in Schlaf;
An eure Arbeit dann, und laßt mich ruhn.

Gesang der Feen.

Erste Fee.

Doppelzüngige bunte Schlangen,
Igel, Molch und Blindschleich', fort!
Nährt kein giftiges Verlangen,
Unsre Königin schlummert dort.

Chor.

Nachtigall, mit süßem Klang
Stimm' in unsern Schlummersang;
Lulla, lulla, lullalei!
Daß kein Spruch
Noch Zauberfluch
Unsrer Kön'gin schädlich sei.
So gut' Nacht, mit Lullalei!

Zweite Fee.

Fort mit euch, langbeinige Spinnen,
Webt eu'r Netz heut anderswo!
Wurm und Schnecke, flieht von hinnen,
Schwarze Käfer, Mück' und Floh!

Chor.

Nachtigall, mit süßem Klang u. s. w.

Erste Fee.

Kommt hinweg nun! Alles gut.
Eins nur bleib hier auf der Hut.
(Die Feen verschwinden. Titania schläft.)
(Oberon tritt auf.)

Oberon (zu Titania, indem er die Blume über ihren Augenlidern ausdrückt).

Was du siehst, wenn du erwacht,
Mach' dein Herz in Lieb' entfacht:
Lieb' und seufz' in seiner Macht!
Ob's ein Bär sei oder Luchs,
Zottiger Eber oder Fuchs,
Deines Augs getrübtem Schein

Zweiter Aufzug. Dritte Scene.

Wird's, erwachst du, theuer sein.
Stell' sich denn ein Scheusal ein!
(Ab.)
(Lysander und Hermia treten auf.)

Lysander.

Du bist erschöpft vom Wandern durch den Wald,
Und ich verlor, wahrhaftig, unsern Pfad;
Komm, süße Hermia, machen wir hier halt,
Bis tröstend sich das Licht des Tages naht.

Hermia.

Wohl, Freund, und such' dir eine Schlummerstätte;
Ich mache diesen Hügel mir zum Bette.

Lysander.

Ein Rasen dien' als Kissen für uns zwei:
Ein Herz — ein Bett, zwei Busen — eine Treu.

Hermia.

Nein, mein Lysander, liebst du mich, mein Schatz,
So such' zum Schlaf dir einen andern Platz.

Lysander.

Misdeute, Theure, meine Unschuld nicht:
Versteht doch Liebe leicht, was Liebe spricht.
Mein Herz gehört so ganz dem deinen an,
Daß man aus beiden eins nur machen kann;
Verkettet hat zwei Busen unser Schwur,
So wohnt in beiden eine Treue nur.
Drum laß mich, Herz, an deiner Seite ruhn;
Denn wie du selbst kann ich kein Unrecht thun.

Hermia.

Wie hübsch Lysander doch mit Worten spielt!
Nein, wahrlich, darauf war's nicht abgezielt,
Daß ich für Unrecht deine Wünsche hielt;
Doch, theurer Freund, aus Lieb' und Artigkeit
Entferne dich, ich bitte schön, so weit,
Als schicklich sich, getrennt von einem Mann,
Ein tugendhaftes Mädchen betten kann.
Nun, Gute Nacht, mein süßer Freund; nie wende
Sich deine Liebe, bis zum Lebensende!

Lysander.

Amen zu dem Gebet, Amen sag' ich;
Mein Leben ende, wenn die Treue wich!
Hier sei mein Lager. Schlaf in süßer Ruh!

Hermia.

Mein gleicher Wunsch drück' dir die Augen zu!
(Sie schlafen ein.)
(Puck tritt auf.)

Puck.

In dem ganzen Waldrevier
Zeigt sich kein Athener mir
Zum Versuch, ob dieser Saft
Sich bewährt in Liebeskraft.
Nacht und Ruhe! — Wer liegt da?
Sein athenisch Kleid — ja, ja,
Er ist's, wie mein Herr gesagt,
Der die holde Maid so plagt,
Die da liegt und schläft gesund
Auf dem feuchten Waldesgrund:
Liebes Herz, in schlechter Hut
Bei dem Liebsthunichtgut! —
Hartherz, dieser Zaubersaft
Wirk' auf dich mit ganzer Kraft!
(Indem er den Saft über seine Augen auspreßt.)
Wachst du auf, so scheuch' den Schlummer
Dir vom Aug' der Liebe Kummer;
Wach' erst wenn ich fort bin schon!
Jetzt muß ich schnell zu Oberon.
(Puck ab.)
(Demetrius und Helena kommen hastig.)

Helena.

Geliebter, steh, und sollt's mein Tod auch sein!

Demetrius.

Verfolge mich nicht so, laß mich allein.

Helena.

O, laß mich nicht allein im Dunkeln hier!

Demetrius.

Laß mich hinweg, bleib, ich befehl' es dir!
(Demetrius ab.)

Helena.

Ich bin erschöpft, ich kann nicht weiter gehn.
Er wird nur kälter durch mein heißes Flehn!
Glücklich ist Hermia, wo sie immer ruht;
Denn ein Magnet ist ihrer Augen Glut.
Woher ihr Glanz? Gewiß von Thränen nicht,
Denn öfter wuschen sie mein Angesicht.
Ich bin so häßlich wie ein Bär, vor mir
Erschrickt und fürchtet sich das wild'ste Thier;
Drum ist's kein Wunder, daß Demetrius,
Da ich so mißgestalt, mich meiden muß.
Vor welchem Spiegel konnt' ich mich vermessen,
Mit Hermia's Sternenaugen mich zu messen? —
Doch wie? Lysander hier auf feuchtem Grunde?
Todt oder lebend? Ich seh' keine Wunde.
Lysander, lebst du, eil' dich aufzustehn!

Lysander (erwachend).

Und will für dich, süß Lieb, durchs Feuer gehn.
O Helena, durchsicht'ge Lichtgestalt!
Ich seh', wie dir das Herz im Busen wallt.
Wo ist Demetrius? Sein Nam' ist werth,
Sein schnöder Name, daß ihn spießt mein Schwert!

Helena.

Nein, sprich nicht so, Lysander, sprich nicht so!
Wird er doch nicht durch Hermia's Liebe froh,
Denn dich liebt Hermia stets; drum sei erfreut —

Lysander.

Erfreut durch Hermia ich? Nein, mich gereut
Die Zeit, die ich verlor mit ihr bis heut.
Nicht Hermia ist's, du bist's, an die ich glaube.
Wer gäbe nicht die Krähe für die Taube?
Des Menschen Willen lenkt Vernunft und Geist;
Mir sagt Vernunft, daß du die beßre seist.
Was wächst, reift erst zu seiner Zeit: so ich,
Jung wie ich bin, fühl' jetzt erst reifen mich;
Und da ich nun des Urtheils Höh' erstiegen,
Muß der Vernunft mein blinder Trieb sich schmiegen;
Sie macht, daß ich in deinen Augen suche
Die Liebesschrift, im reichsten Liebesbuche.

Helena.

Ward ich geboren stets verhöhnt zu sein?
Wodurch verdient' ich deine Spötterein?
Ist's nicht genug für mich denn, junger Mann,
Daß mich Demetrius nicht leiden kann,
Mir niemals freundlich gönnte einen Blick:
Was schärfst du noch durch Hohn mein Mißgeschick?
Du thust, fürwahr, nicht recht an mir, nicht gut,
Um mich zu werben so im Uebermuth.
Gehabt Euch wohl; doch, ich bekenn' es laut,
Ich habe edlern Sinn Euch zugetraut.
O, daß ein Weib, von einem Mann verlassen,
Vom andern so sich muß mißhandeln lassen!
(Sie geht ab.)

Lysander.

Sie sieht nicht Hermia. — Hermia, schlaf du da
Und komm Lysandern niemals wieder nah!
Denn wie ein Uebermaß von Süßigkeiten
Dem Magen tiefsten Ekel kann bereiten;
Wie die am meisten Ketzereien hassen,
Die, einst bethört, sie wiederum verlassen:
So kommt's, daß dich am ärgsten trifft mein Haß,
Du meine Ketzerei, mein Uebermaß!
Mit ganzer Liebesmacht weih' ich allein
Mich Helena und will ihr Ritter sein.
(Geht ab.)

Hermia (erwachend).

Hilf mir, Lysander, hilf! o steh mir bei,
Mach' mich vom Ringeln dieser Schlange frei!
Weh' mir! Erbarmen! — Welch ein wüster Traum!
Vor Angst und Schrecken faß' ich mich noch kaum.
Mir schien, ein Schlangenbiß ging' mir ins Herz,
Und du sahst grausam zu, als wär's ein Scherz. —
Lysander! Wie, Lysander, bist du fort?
Du hörst mich nicht? O Gott, kein Laut, kein Wort!
Wo bist du? Um der Liebe willen, sprich,
Wenn du mich hörst! Es bringt zur Ohnmacht mich.
Noch nicht? Umsonst ruf' ich nach allen Winden.
Find' ich dich nicht, will ich den Tod gleich finden!
(Sie geht ab.)

Dritter Aufzug.

Erste Scene.

Im Walde.   Titania schlafend.

Es treten auf Squenz, Schnock, Zettel, Flaut, Schnauz und Schlucker.

Zettel.
Sind wir alle beisammen?

Squenz.
Pünktlich da; und hier ist ein wunderbar passender Platz für unsere Probe. Dieser Grasfleck soll unsere Bühne sein, das Hagedorndickicht unser Garderobezimmer; und wir wollen gleich so agiren wie vor dem Herzog.

Zettel.
Peter Squenz —

Squenz.
Was willst du, tyrannischer Zettel?

Zettel.
In dieser Komödie von Pyramus und Thisbe kommen Dinge vor, die nun und nimmer gefallen werden. Erstens muß Pyramus ein Schwert ziehen, um sich todtzustechen, was die Damen nicht aushalten können. Wie willst du das verantworten?

Schnauz.
Alle Wetter, das ist kitzlich und gefährlich.

Schlucker.
Ich glaube, wir müssen am Ende das Todtstechen streichen.

Zettel.
Nichts streichen. Ich weiß Rath, wie allem abzuhelfen ist. Schreibt mir einen Prolog, und laßt den Prolog verblümt sagen, daß wir keinen Schaden mit unsern Schwertern anrichten wollen, und daß Pyramus nicht wirklich todtgestochen wird; und um sie

noch mehr zu beruhigen, sagt auch, daß ich, Pyramus, nicht Pyramus bin, sondern Zettel, der Weber. Das wird ihnen alle Furcht benehmen.

Squenz.

Wohl, wir werden solchen Prolog haben; und lange und kurze Verse sollen darin abwechseln.

Zettel.

Ich halt' es mit den langen Versen. Laßt sie alle lang sein.

Schnauz.

Werden die Damen sich nicht vor dem Löwen fürchten?

Schlucker.

Das fürcht' ich, dafür steh' ich euch ein.

Zettel.

Meisters, ihr solltet das wohl bei euch überlegen: so einen — Gott steh' uns bei! — so einen Löwen unter Damen zu bringen, ist eine ganz schreckliche Geschichte; denn es gibt kein furchtbareres Wildpret als einen lebendigen Löwen, und wir sollten das bedenken.

Schnauz.

Darum muß ein anderer Prolog aussagen, daß es kein Löwe ist.

Zettel.

Nein, ihr müßt ihn bei seinem Namen nennen, und sein Gesicht muß halb durch des Löwen Hals hindurchsehen; und er selbst muß hindurchsprechen, meinetwegen so: „Meine gnädigen Frauen", oder „meine schönen Damen, ich wollte euch bitten", oder „ich wollte euch ersuchen" oder „den Wunsch ausdrücken, nicht zu zittern noch zu zagen: mein Leben für eures. Wenn ihr glaubt, daß ich hier als ein Löwe komme, so wäre das schade um mein Leben; nein, ich bin nichts dergleichen: ich bin ein Mensch, ganz wie andere Menschen"; und dann laßt ihn seinen wirklichen Namen nennen und offen heraussagen, er sei Schnock, der Schreiner.

Squenz.

Wohl, so soll es sein. Aber da sind noch zwei schwierige Punkte. Erstens, den Mondschein in ein Zimmer zu bringen; denn ihr wißt, Pyramus und Thisbe treffen sich bei Mondschein.

Schnock.

Scheint der Mond in der Nacht, wo wir unser Spiel spielen?

Dritter Aufzug. Erste Scene.

Zettel.

Einen Kalender, einen Kalender! Seht in den Almanach; sucht Mondschein, sucht Mondschein!

Squenz.

Ja, er scheint in derselbigen Nacht.

Zettel.

Nun, dann könnt ihr einen Flügel des großen Zimmerfensters offen lassen, wenn wir spielen, und der Mond kann durch den Flügel hereinscheinen.

Squenz.

Ja; oder es müßte einer mit einem Dornbusch und einer Laterne kommen und sagen, er komme, um die Person des Mondscheins zu desiguriren oder zu präsentiren. Dann bleibt noch ein Punkt übrig: wir müssen eine Wand in dem großen Zimmer haben; denn Pyramus und Thisbe, sagt die Geschichte, sprachen durch die Spalte einer Wand.

Schnock.

Ihr bringt im Leben keine Wand hinein. Was sagst du, Zettel?

Zettel.

Einer von euch muß Wand vorstellen; und laßt ihn etwas Mörtel, oder etwas Lehm, oder etwas Kalk an sich haben, um Wand zu bedeuten; und laßt ihn seine Finger so halten, und durch die Spalte sollen Pyramus und Thisbe flüstern.

Squenz.

Wenn das geht, so ist alles gut. Kommt, setzt euch, jeder Mutter Sohn, und probirt eure Rollen. — Pyramus, du fängst an; wenn du deine Rede gesprochen hast, tritt ins Gebüsch. Und so jeder, wenn sein Stichwort kommt.

(Puck erscheint im Hintergrunde.)

Puck.

Was für hausbacken Volk treibt hier sein Wesen,
So nah der Wiege unsrer Königin?
Was, gibt's ein Schauspiel? Ich will Hörer sein,
Vielleicht Mitspieler, wenn mir's dienlich scheint.

Squenz.

Fang an, Pyramus. — Thisbe, tritt vor.

Pyramus.

„Wie einer Blume süßer Kohlgeruch —

Squenz.

Nein, Wohlgeruch heißt's.

Pyramus.

„süßer Wohlgeruch,
So riecht dein Odem, theure Thisbe mein.
Doch horch, 'ne Stimme! Wart ein Weilchen hier;
Gleich, Holde, werd' ich wieder bei dir sein."

(Geht ab.)

Puck.

Ein seltsam Stück von einem Pyramus!

(Geht ab.)

Thisbe.

Bin ich jetzt dran?

Squenz.

Freilich bist du dran; denn du mußt wissen, er geht blos fort, um ein Geräusch zu sehen, das er gehört hat, und kommt wieder zurück.

Thisbe.

„Glanzreichster Pyramus, von Farbe lilienweiß
Und gleichwie Rosen roth auf triumphirndem Strauch,
O muntrer Jüngling du, du mein Juwel, mein Preis,
Treu wie das treuste Pferd, das nie ermüdet auch.
Ich treffe, Pyramus, bei Nina's Grab dich an."

Squenz.

Ninus' Grab, heißt es, Mensch. Aber das darfst du noch nicht sprechen; das hast du Pyramus zu antworten. Du schnurrst deine ganze Rolle in Einem herunter, Stichworte und alles. — Pyramus, tritt auf! Dein Stichwort ist schon dagewesen; es heißt: „nie er=
müdet auch".

(Puck kommt wieder, und Zettel mit einem Eselskopfe.)

Thisbe.

O! „Treu wie das treuste Pferd, das nie ermüdet auch."

Pyramus.

„O, Thisbe, wär' ich schön, dein wär' ich ganz allein."

Dritter Aufzug. Erste Scene.

Squenz.

Ha greulich! entsetzlich! Es spukt hier. Fort, Meisters! Flieht, Meisters! Zu Hülfe!

(Sie laufen davon.)

Puck.

Ich will euch hetzen, kreuz und quer und rund,
Durch Dorn, durch Dickicht, über Sumpf und Moor;
Jetzt komm' ich euch wie'n Pferd, und jetzt wie'n Hund,
Wie'n Bär, wie'n Eber und wie Feuer vor,
Und wieh're, bell', grunz', brüll' und brenne bald
In Pferds-, Hunds-, Schweins-, in Bär- und Feu'rgestalt.

(Geht ab.)

Zettel.

Was laufen sie denn davon? Ein dummer Spaß von ihnen, sie wollen mir Furcht machen.

(Schnauz kommt zurück.)

Schnauz.

O, Zettel, du bist verwandelt! was muß ich auf dir sehn?

(Läuft davon.)

Zettel.

Was du sehn mußt? Deinen eigenen Eselskopf siehst du, nicht wahr?

(Squenz kommt zurück.)

Squenz.

Um Gottes willen, Zettel, du bist verwandelt!

(Läuft davon.)

Zettel.

Ich durchschau' ihre Possen. Sie möchten einen Esel aus mir machen, mich erschrecken, wenn sie könnten. Aber ich wank' und weiche nicht vom Platze, sie mögen thun was sie wollen. Ich will hier auf- und abgehn, und ich will singen, damit sie hören, daß ich mich nicht fürchte.

(Er singt.)

Ihr Lied die schwarze Drossel singt,
Geschnäbelt gelblich-braun;
Der Amsel Lied vom Baum erklingt,
Zaunkönig singt vom Zaun.

Titania (erwachend).

O, welch ein Engel weckt mich aus dem Schlummer?

Zettel.

Der Spatz, die Lerche und der Fink,
Die singen wie es geht;
Der Kukuk gibt manch bösen Wink,
Den mancher Mann versteht —

denn wirklich, wer möchte seinen Verstand an einen so närri=
schen Vogel setzen? Wer möchte einen Vogel der Lüge zeihen,
wenn er auch immerfort „Kukuk" ruft und damit vielleicht manchen
horngekrönten Ehemann meint?

Titania.

O sing' noch einmal, holder Sterblicher!
Mein Ohr ist ganz verliebt in deinen Sang,
Und so mein Aug' in deine Wohlgestalt;
Dein Werth erweckt in mir so starke Triebe:
Ich schwör's beim ersten Blick, daß ich dich liebe.

Zettel.

Mich dünkt, Madame, Ihr hättet wenig Ursache dazu. Aber
freilich, die Wahrheit zu sagen, Liebe und Vernunft halten heut=
zutage wenig Gemeinschaft miteinander; um so mehr schade darum,
daß zwei ehrliche Nachbarn nicht Freundschaft zwischen ihnen schließen
wollen. Oh, ich kann gelegentlich auch witzig sein.

Titania.

Du bist so klug und weise, wie du schön bist.

Zettel.

Nun, das wol eben auch nicht; aber wenn ich Witz genug hätte,
aus diesem Walde herauszukommen, so hätt' ich gerade genug für
meinen Bedarf.

Titania.

Aus diesem Wald zu gehn begehre nicht;
Nein, hier zu bleiben sei dir süße Pflicht.
Ich bin ein Geist von nicht gemeinem Stande,
Ein ewiger Sommer herrscht in meinem Lande,
Und sieh, ich liebe dich: drum geh mit mir;
Ich gebe meine Feen zum Dienste dir:
Sie holen dir Juwelen aus der Flut,
Und singen wenn dein Haupt auf Blumen ruht;

Dritter Aufzug. Erste Scene.

Und ganz von Erdenstaub mach' ich dich rein,
Du sollst gleich einem luft'gen Geiste sein. —
Senfsame! Spinnweb! Bohnenblüte! Motte!

(Bier Feen treten auf.)

Erste Fee.

Hier.

Zweite Fee.

Ich auch.

Dritte Fee.

Ich auch.

Vierte Fee.

Wohin befiehlst du uns?

Titania.

Seid lieb und freundlich gegen diesen Herrn:
Hüpft scherzend, wo er wandelt, vor ihm her;
Labt ihn mit Quitten, saftigen Aprikosen,
Und frischen Feigen, Maulbeer'n, Purpurtrauben;
Den Bienen raubt für ihn ihr Honigsäckchen,
Aus ihrer Schenkel Wachs bereitet Kerzen,
Entzündet sie an eines Glühwurms Schein,
Zu leuchten meinem Freund bettaus, bettein;
Und fächelt ihm vom Aug' den Mondenschein
Mit bunter Schmetterlinge Flügelein.
Neigt euch ihm, Elfen, und bedient ihn fein!

Erste Fee.

Heil, Sterblicher!

Zweite Fee.

Heil!

Dritte Fee.

Heil!

Vierte Fee.

Heil!

Zettel.

Ich bitte Euere Gnaden herzlich um Verzeihung. Darf ich um Euer Gnaden Namen bitten?

Spinnweb.

Spinnweb.

Zettel.

Ich wünsche näher mit Euch bekannt zu werden, guter Meister Spinnweb. Wenn ich mich in den Finger schneide, werde ich Eure Dienste in Anspruch nehmen. — Euer Name, werther Herr?

Bohnenblüte.

Bohnenblüte.

Zettel.

Ich bitte, empfehlt mich Madame Hülse, Eurer Frau Mutter, und Herrn Bohnenschote, Eurem Vater. Guter Herr Bohnenblüte, ich wünsche auch mit Euch näher bekannt zu werden. — Euer Name, Herr, wenn ich bitten darf?

Senfsame.

Senfsame.

Zettel.

Guter Herr Senfsame, Eure Geduld ist mir wohlbekannt: der riesige Feigling Rinderbraten hat manchen Herrn Eures Hauses verschlungen; ich versichere Euch, Eure Sippschaft hat mir oft das Wasser aus den Augen gepreßt. Ich wünsche näher mit Euch bekannt zu werden, guter Herr Senfsame.

Titania.

Kommt, führt ihn hin zu meinem Heiligthume.
Feucht, dünkt mich, blickt des Mondes Augenstrahl,
Und wenn er weint, weint jede kleine Blume
Um ein verlornes Unschuldsideal.
Bringt schweigend mir den Liebsten meiner Wahl.

(Alle ab.)

Zweite Scene.

Ein anderer Theil des Waldes.

Oberon (tritt auf).

Ich muß doch sehn, ob schon Titania wacht,
Und was zuerst ihr vor die Augen kam,
Worein sie sterblich sich verlieben muß.

(Puck tritt auf.)

Da kommt mein Bote. Nun, mein neckischer Geist,
Was gibt's zur Nacht hier für ein Abenteuer?

Puck.

O, meine Herrin liebt ein Ungeheuer!
Derweil in ihrem Heiligthum sie lag
Und still verborgen süßer Ruhe pflag,
Versammelt sich ein Haufe Kerls, ich glaube
Handwerker aus Athen, und vor der Laube

Versuchten sie ein Spiel vorzubereiten,
Bestimmt zu Theseus' Hochzeitsfestlichkeiten.
Der albernste von diesen Spießgesellen,
Der Pyramus im Stück hat darzustellen,
Verließ die Scen' und trat in einen Busch;
Ich nutzte diesen Augenblick, und husch,
Setzt' ich aufs Haupt ihm einen Eselskopf.
Nun spricht sein Stichwort Thisbe, und der Tropf
Tritt wieder vor. Als ihn die andern sehn,
Wie wilde Gänse, die den Jäger spähn,
Oder wie Kräh'n, von eines Schusses Knattern
Jählings erschreckt, wild auseinander flattern
Und krächzend tollen Fluges die Lüfte schlagen:
So lassen sie sich von dem Spuk verjagen.
Der purzelt hin in überstürztem Lauf;
Der schreit und ruft Athen zu Hülfe auf;
Ihr bißchen Urtheil ganz dem Schrecken wich,
Lebloses selbst scheint ihnen fürchterlich;
Am Dorn und Busch bleibt Hut und Aermel hängen,
Wie sie in wilder Hast hindurch sich drängen.
Und weiter trieb ich sie, einmal im Schuß;
Allein blieb der verherte Pyramus.
Zu rechter Zeit erwacht Titania,
Und als ihr Liebster — steht ein Esel da.

Oberon.

So gehn die Dinge ganz wie sie mir taugen.
Und salbtest du auch des Atheners Augen,
Nach meinem Auftrag, mit dem Liebessaft?

Puck.

Ich fand ihn schlafend — so war's leicht geschafft.
Dicht bei ihm lag das Mädchen von Athen;
Sie muß zuerst er beim Erwachen sehn.

(Demetrius und Hermia kommen.)

Oberon.

Tritt her. Da kommt ja der Athener an.

Puck.

Dies ist das Mädchen, doch nicht er der Mann.

Demetrius.

Warum verhöhnst du den, der dich so liebt?
Du gibst mir Antwort, wie man Feinden gibt.

Hermia.

Ich schalt dich nur, und fluchen sollt' ich dir;
Denn dazu gabst du, fürcht' ich, Ursach mir:
Erschlugst du mir Lysander, da er schlief,
So tödte, watest du im Blut so tief,
Nun auch noch mich!
Er war mir treuer als das Licht dem Tag;
Wie hätt' er sich, indeß ich schlafend lag,
Hinweggeschlichen? Nein, eh' ich dies glaube,
Glaub' ich, der Mond bohrt sich wie eine Schraube
Durch dieses ganzen Erdballs Kern und Boden
Und stört die Sonne bei den Antipoden.
Ich bin gewiß, du mordetest ihn mir:
So sieht ein Mörder aus, so starr und stier.

Demetrius.

Nein, ein Ermordeter sieht aus wie ich,
Denn deine Grausamkeit durchbohrte mich;
Doch du, die Mörderin, siehst klar aus, ganz
Wie jene Venus dort im Himmelsglanz.

Hermia.

Was soll mir dies? Wo ist Lysander? Sprich!
Gib ihn mir wieder, Freund, ich bitte dich!

Demetrius.

Eh'r gäb' ich seinen Leichnam meinem Hunde!

Hermia.

Hund selber! Du erschöpfest bis zum Grunde
Die weibliche Geduld. So zähl' hinfort
Nicht zu den Menschen mehr, nach diesem Mord!
O, eins nur sollst du wahrhaft mir gestehn:
Hätt'st du gewagt ihn wachend anzusehn,
Den du im Schlaf erschlugst? Ha, Männermuth!
Die gift'ge Natter träfe ganz so gut.
Ja, eine Natter that's: die ärgste sticht
Zweizüngiger als du, du Schlange, nicht.

Demetrius.

Ein bloßer Wahn versetzt dich so in Wuth:
Ich bin nicht schuldig an Lysander's Blut,
Der noch am Leben ist, soviel ich weiß.

Hermia.
Sprich, bitte, geht's ihm wohl?

Demetrius.
Und welchen Preis
Erhalt' ich, meld' ich dir sein Wohlergehn?

Hermia.
Den Preis, hinfort mich nie mehr anzusehn;
So wende von mir dein verhaßt Gesicht,
Ob nun Lysander todt sei oder nicht.
(Hermia ab.)

Demetrius.
Vergeblich wär' es, jetzt ihr nachzueilen;
Drum will ich, bis sie ruhiger wird, hier weilen.
Man wird vom Kummer nur noch mehr geplagt,
Wenn selbst der Schlaf ihm seine Schuld versagt;
Vielleicht erlang' ich einen Theil der Schuld,
Erwart' ich hier den Schuldner in Geduld.
(Er legt sich nieder und schläft ein.)

Oberon.
Du hast den Liebessaft mit irrer Hand
Auf treuer Liebe Augen angewandt:
So muß nun durch dein misverständ'ges Handeln
Sich treu in falsch, nicht falsch in treu verwandeln.

Puck.
So will's das Schicksal, daß auf einen Treuen
Millionen treulos Schwur um Schwur entweihen.

Oberon.
Eil' durch den Wald geschwinder als der Wind
Und suche Helena; das arme Kind
Ist liebekrank, ganz bleich und ohne Muth,
Seufzer verzehren ihrer Wangen Blut.
Geh, locke sie durch Blendwerk her zu mir;
Und bis sie kommt, bezaub'r' ich diesen hier.

Puck.
Ich geh', ich geh'. Sieh, wie ich eile,
Schneller als Tatarenpfeile.
(Puck ab.)

Oberon.

Blume mit dem Purpurschein
Aus Cupido's Waffenschrein,
Senk dich ihm ins Aug hinein.
Sieht er dann das Mägdelein,
Laß sie ihm so strahlend sein
Wie Cyther' im Sternenreihn. —
Wachst du, wird sie bei dir sein,
Stillen deine Liebespein.

(Puck kommt zurück.)

Puck.

Herrscher in dem Feeenland,
Helena ist hier zur Hand;
Und der, den ich falsch genetzt,
Fleht für sich um Liebe jetzt.
Laß uns ihres Spiels hier harren.
Herr, was sind die Menschen Narren!

Oberon.

Tritt beiseit; erwachen muß
Vom Geräusch Demetrius.

Puck.

Werben zwei um eine dann,
Hab' ich meinen Spaß daran;
Denn am besten mir gefällt
Eine recht verkehrte Welt.

(Lysander und Helena treten auf.)

Lysander.

Wie konntest du, daß ich dich höhnte, wähnen?
Ward Spott und Hohn an Thränen je erkannt?
Sieh, wenn ich schwöre, wein' ich; solche Thränen
Sind stets der Wahrheit echtes Unterpfand.
Kann was ich sage dir als Hohn erscheinen,
Da sich Gelübd' und Thränen bei mir einen?

Helena.

Du kommst mir stets mit neuem Trug entgegen:
Schwur tödtet Schwur — welch teuflisch fromme List!
Wäg' Eid um Eid, so wirst ein Nichts du wägen,
Denn dein Gelübd' auch Hermia eigen ist.

Die Schwüre, die du ihr und mir gethan,
Sie wiegen gleich, leicht wie ein luft'ger Wahn.

Lysander.

Ich war, als ich zu ihr schwur, nicht bei Sinnen.

Helena.

Wie jetzt, da du ihr abschwörst. Geh von hinnen!

Lysander.

Demetrius liebt sie, er liebt nicht dich.

Demetrius (erwachend).

O, Helena! Du meine Wonn' und Qual!
Huldgöttin! Was gleicht deines Auges Strahl?
Krystall ist trübe. O, dein Lippenpaar,
Zwei Kirschen gleich, gereift im warmen Jahr!
Des hohen Taurus blendend weißer Schnee,
Vom Ostwind angefächelt, wird zur Kräh',
Erhebst du deine Hand. O reich' zum Kuß
Sie mir, vor der sich alles beugen muß!

Helena.

O Hölle! Dien' ich allen denn zum Spott?
Zur schnöden Kurzweil allen euch? Bei Gott,
Wär' Sitt' und Artigkeit euch nicht ein Wahn,
Ihr thätet mir nicht solche Kränkung an!
Ich weiß, ihr haßt mich: laßt's dabei verbleiben,
Statt solch unwürdig Spiel mit mir zu treiben.
Wär't ihr in Wahrheit Männer, nicht zum Schein,
Ihr würdet Schonung einer Dame weihn
Und nicht mit Herzen, die sich falsch erweisen,
So übertrieben meine Schönheit preisen.
Als Nebenbuhler liebt ihr Hermia;
Als Nebenbuhler höhnt ihr Helena.
Welch große Heldenthat, welch männlich Ringen,
Ein armes Mädchen so zu Thränen bringen
Durch euren Hohn! Kein wahrhaft edles Herz
Erpreßte einer Jungfrau solchen Schmerz
Und quälte sie so schnöde, blos zum Scherz.

Lysander.

Du bist unhold, Demetrius, beßre dich;
Denn du liebst Hermia, das weißt du wie ich.

Aufrichtig und von Herzen lass' ich hier
An Hermia's Liebe meinen Antheil dir;
Tritt deinen nun an Helena mir ab:
Sie lieb' ich, werd' ich lieben bis zum Grab!

Helena.

Kein Spötter müßte sich fruchtloser ab!

Demetrius.

O nein, behalte deine Hermia nur;
Liebt' ich sie je, verwischt ist jede Spur.
Mein Herz war gleichsam als ein Gast ihr nah,
Und ist jetzt heimgelehrt zu Helena,
Bei ihr zu bleiben.

Lysander.

Helena, glaub's nicht!

Demetrius.

Sprich nicht so dreist, wo Kenntniß dir gebricht;
Sonst könnt'st du leicht für deine Keckheit büßen.
Sieh, da kommt Hermia; geh zu deiner Süßen.

(Hermia tritt auf.)

Hermia.

Nacht, die dem Auge seine Sehkraft nimmt,
Dafür so schärfer das Gehör uns stimmt:
Was sie dem einen Sinne raubt, zum Glück
Gibt doppelt sie dem andern Sinn zurück.
Mein Aug' hat dich, Lysander, nicht gefunden,
Ich bin dem Ohr für diesen Dienst verbunden.
Sprich, warum ließ'st du plötzlich mich allein?

Lysander.

Wen Liebe ruft, wie kann der säumig sein?

Hermia.

Wie, eine Liebe, die dich von mir rief?

Lysander.

Ja, meine Liebe litt nicht, daß ich schlief:
Hier Helena vergoldet mir die Nacht
Mehr als der Sterne ganze Lichterpracht.
Was suchst du mich hier auf? Sagt dir nicht dies,
Daß ich, weil ich dich hasse, dich verließ?

Hermia.
Du sprichst nicht wie du denkst; es kann nicht sein.
Helena.
Seht, sie stimmt auch in die Verschwörung ein!
Jetzt merk' ich wol, sie schmiedeten zu drei'n
Den Plan zu ihren schlimmen Spötterei'n.
O böse, undankbare Hermia!
Verschworst du dich mit diesen falschen Männern,
Durch schnödes Possenspiel mir weh zu thun?
Sind alle Traulichkeiten, die wir theilten,
Der Schwestertreu Gelübde, jene Stunden,
Da wir verwünscht die zu schnellfüßige Zeit,
Weil sie uns schied — ist alles das vergessen?
Die Schulfreundschaft, der Kindheit Unschuldstage?
Wir schufen, zwei kunstreichen Göttern gleich,
Mit unsern Nadeln beid' an einer Blume,
Nach einem Bild, auf einem Kissen sitzend,
Dazu ein Lied in gleichem Tone wirbelnd,
Als wären unsre Hände, Herzen, Stimmen
Einander einverleibt. So wuchsen wir
Zusammen, einer Doppelkirsche gleich,
Scheinbar getrennt, doch in der Trennung eins,
Zwei Beeren, hold auf einem Stiel gepaart,
Zwei Körper wol von Ansehn, doch ein Herz,
Zwei Schilder, die auf einem Wappen stehn
Und eins nur bilden unter einer Krone.
Die alte Liebe willst du nun zerreißen,
Im Bund mit Männern deiner Freundin spotten?
Das ist nicht freundschaftlich, nicht mädchenhaft;
Und tadeln muß dich unser ganz Geschlecht,
Empfind' ich auch die Kränkung nur allein.

Hermia.
Dein leidenschaftlich Reden macht mich staunen;
Ich höhn' dich nicht, vielmehr scheint's, du höhnst mich.

Helena.
Stelltest du nicht Lysander an, zum Hohne
Mir nachzugehn und mein Gesicht zu preisen?
Und triebst Demetrius, deinen andern Liebsten,
Der eben erst mich von sich stieß mit Füßen,
Mich Göttin, Wonne, himmlisch-schön zu nennen?
Was sprach er so zu mir, wenn er mich haßt?

Was leugnet jetzt Lysander deine Liebe,
Wovon doch seine ganze Seele voll,
Und schwört mir seine Neigung, hättst du nicht
Ihn angespornt durch deine Zustimmung?
Grad weil ich nicht in solcher Gunst wie du,
Mit Liebe so behängt, so glücklich bin,
Nein, so höchst elend, ungeliebt zu lieben,
Drum solltest du mir Mitleid weihn, nicht Hohn.

Hermia.

Traun, ich versteh' nicht, was du sagen willst.

Helena.

Treibt's nur so weiter: heuchelt trübe Blicke,
Zieht hinter meinem Rücken mir Gesichter,
Winkt euch verstohlen zu; der feine Spaß,
Gut durchgeführt, wird in die Chronik kommen.
Wär' Mitleid, Sitt' und Anstand noch in euch,
Ihr wähltet mich nicht zu dem Possenspiel.
Lebt wohl! Ich trage einen Theil der Schuld
Und will durch Trennung oder Tod ihn büßen.

Lysander.

Bleib, holde Helena, hör' mein Entschuld'gen,
Mein Herz, mein Leben, schöne Helena!

Helena.

O herrlich!

Hermia.

Liebster, höhne sie nicht so.

Demetrius.

Kann sie's erbitten nicht, kann ich's erzwingen.

Lysander.

Nicht mehr erzwingen du, als sie erbitten;
Dein Droh'n hat nicht mehr Kraft als ihr Gesuch. —
Ich lieb' dich, Helena, bei meinem Leben!
Gern geb' ich's hin für dich, ich schwör's, um den
Zu züchtigen, der sagt, ich lieb' dich nicht.

Demetrius.

Ich lieb' dich mehr, als er dich lieben kann.

Lysander.

Wenn du das sagst, so zieh, es zu beweisen.

Dritter Aufzug. Zweite Scene.

Demetrius.

So komm!

Hermia.

Lysander, wozu führt dies alles?

Lysander.

Fort mit dir, Negerin!

Demetrius.

Nein, nein; du thust
Als brächst du los, legst aus als wolltst du folgen,
Kommst aber nicht. Geh, zahmer Vogel, geh!

Lysander.

Fort, Katze, Igel, schlechtes Ding, laß los;
Sonst schüttl' ich dich wie eine Natter ab!

Hermia.

Was bist du nur so wild, so ganz verwandelt,
Mein süßes Herz?

Lysander.

Dein süßes Herz? Hinweg,
Zigeun'rin! widerwärt'ger Trank! fort, sag' ich.

Hermia.

Treibst du nicht Scherz?

Helena.

Ja, wahrlich, so wie du.

Lysander.

Demetrius, ich halte dir mein Wort.

Demetrius.

Gäbst du mir lieber deinen Schein; dich bindet,
Ich seh's, ein Schein: ich trau' nicht auf dein Wort.

Lysander.

Was? sollt' ich sie verletzen, schlagen, tödten?
Ich hasse sie, doch will kein Leid ihr thun.

Hermia.

Kannst du mir größres Leid thun als mich hassen?
Du hassest mich? Warum? Was hör' ich, Lieber?
Bin ich nicht Hermia? Bist du nicht Lysander?
Ich bin so schön jetzt, wie ich vordem war.
In Einer Nacht mich lieben und verlassen!

So war's im Ernst — verhüten es die Götter! —
Als du mich dort verließest?

Lysander.

Ja, beim Himmel!
Und mit dem Wunsch, dich nimmer mehr zu sehn.
Gib alle Hoffnung, Fragen, Zweifel auf;
Es ist gewiß, ist Wahrheit, ist kein Scherz,
Ich hasse dich und liebe Helena.

Hermia.

Weh mir! — Du Gauklerin! wurmstichige Blüte!
Du Liebesdiebin! Was, du kamst bei Nacht
Und stahlst dir meines Liebsten Herz!

Helena.

Vortrefflich!
Bist du der Scheu und Schüchternheit des Mädchens
Und jeder Rücksicht bar? Und zwingst du so
Zu harten Reden meine sanfte Zunge?
Pfui, pfui, du falsches Ding, du Puppe du!

Hermia.

Puppe? Ah so, da läuft der Spaß hinaus!
Nun merk' ich wohl, sie stellt' ihm zum Vergleich
Unsre Statur, sie wies auf ihre Länge;
Mit ihrem höhern Wuchs, dem Wuchs, ja ja,
Mit ihrer Länge hat sie ihn gewonnen! —
Und stiegst du drum so hoch in seiner Schätzung,
Weil ich so zwergig von Gestalt, so klein?
Wie klein denn bin ich, du bemalter Maibaum?
Wie klein? So klein doch nicht, daß mit den Nägeln
Ich deine Augen nicht erreichen könnte!

Helena.

Ihr Herrn, ich bitt' euch, wenn auch ihr mich höhnt,
Schützt mich vor dieser: ich war boshaft nie,
Versteh' mich ganz und gar aufs Zanken nicht,
Bin schüchtern, wie es einem Mädchen ziemt:
Nehmt mich in Schutz vor ihr! Ihr denkt vielleicht,
Weil sie um etwas kleiner ist als ich,
Ich sei die stärkre.

Hermia.

Kleiner! Ha, schon wieder!?

Helena.

Sei, gute Hermia, mir doch nicht so bös.
Ich liebte dich ja immer, Hermia,
War stets verschwiegen, kränkte dich auch nie;
Aus Liebe zu Demetrius hab' ich nur
Ihm deine Flucht in diesen Wald verrathen.
Er folgte dir, ich folgt' aus Liebe ihm;
Doch schalt er mich hinweg und drohte mir,
Mich zu mißhandeln, schlagen, ja zu tödten.
Und nun, so du mich ruhig ziehen läß'st,
Bring' ich mein kindisch Selbst heim nach Athen
Und folge dir nicht weiter. Laß mich gehn;
Du siehst, wie arglos und wie schwach ich bin.

Hermia.

O geh nur, geh; wer hindert dich daran?

Helena.

Ein thöricht Herz, ich lass' es hier zurück.

Hermia.

Wie, bei Lysander?

Helena.

Bei Demetrius.

Lysander.

Nicht bange, Hermia; sie soll dir nichts thun.

Demetrius.

Gewiß nicht, nimmst du gleich Partei für sie.

Helena.

O, sie ist spitz und scharf, wenn sie im Zorn.
Sie war 'ne Zänkerin schon in der Schule;
So klein sie ist, so grimmig kann sie sein.

Hermia.

Schon wieder klein! und immer klein und klein!
O duldet's nicht, daß sie mich so verspottet!
Laßt mich zu ihr!

Lysander.

   Fort, packe dich, du Zwerg!
Du Knirps, aus krausem Knöterich gemacht!
Du Körnchen! Pünktchen!

Demetrius.

    Du bist allzu eifrig
Für sie bemüht, die deiner Dienste lacht.
Laß sie doch gehn: sprich nicht von Helena,
Nimm nicht Partei für sie; denn wisse, zeigst du
Durch noch so leisen Wink, daß du sie liebst,
Sollst du mir's büßen.

Lysander.

    Nun, sie hält mich nicht;
Wagst du's, so folg' mir jetzt, zu sehn, weß Recht,
Deins oder meins, an Helena stärker ist!

Demetrius.

Dir folgen? Nein, ich geh' zugleich mit dir.
    (Lysander und Demetrius ab.)

Hermia.

Seht, Fräulein, all der Wirrwarr kommt durch Euch!
Weich' nicht zurück! steh!

Helena.

    Nein, ich trau' dir nicht,
Will fliehen dein verhaßtes Angesicht.
Du hast geschwindre Hände wol zum Schlagen,
Ich längre Beine, mich davonzutragen.
    (Geht ab.)

Hermia.

Ich bin ganz wirr, weiß nicht was soll ich sagen.
    (Geht ab.)

Oberon.

Dies ist dein Unbedacht: stets irrst du dich,
Treibst du nicht gar mit Absicht Schelmerei.

Puck.

Nein, glaub' mir, Geisterfürst, ich irrte mich.
Sagtest du nicht, ich sollte meinen Mann
An dem athenischen Gewand erkennen?
Nun, sofern bin ich tadelfrei, denn jener,
Deß Augen ich benetzt, ist ein Athener;
Und sofern bin ich froh, daß sich's so fügt',
Da dieser närr'sche Streit mich baß vergnügt.

Dritter Aufzug. Zweite Scene.

Oberon.

Die Eifersücht'gen stürzten fort zum Kampf:
Drum eile, Puck, umzieh die Nacht mit Dampf,
Verhüll' den sterndurchwirkten Himmelsthron
Mit Nebeldunst, schwarz wie der Acheron,
Und führ' die Wüthenden so irr im Kreise,
Daß keiner finden kann des andern Gleise.
Bald gleich Lysander schilt Demetrius,
Daß dieser dich für jenen halten muß;
Bald gleich Demetrius schimpf' auf Lysander.
So halte stets die beiden auseinander,
Bis todesgleicher Schlaf auf ihre Lider
Mit bleiernem Fuß und Fittich sinkt hernieder.
Dann netz' Lysander's Aug' mit diesem Saft,
Der gleich durch zauberkräft'ge Eigenschaft
Von aller Wahnverblendung ihn befreit
Und seinem Aug' die frühre Sehkraft leiht.
Erwachen sie, so ist was sie betrogen
Gleichwie ein Traum, ein Hirngespinst verflogen;
Sie werden heimwärts nach Athen sich wenden,
Und ihren Treubund wird der Tod erst enden.
Derweil du dies vollbringst, bitt' ich geschwind
Mir von der Königin aus das Indierkind;
Dann lös' ich ihr aus dem bethörten Blick
Des Unholds Bild, und Friede kehrt zurück.

Puck.

Dies, Herr, muß schnell geschehn: den Drachenwagen
Der Nacht seh' ich schon durch die Wolken jagen;
Und sieh, wie dort Aurora's Herold flammt,
Bei dessen Nahn die Geister allesammt
Zum Kirchhof schwärmen; die im Meer begraben
Und die am Kreuzweg ihre Gräber haben,
Die zogen schon dem wurmigen Bette nach,
Aus Angst, der Tag beleuchte ihre Schmach;
Freiwillig fliehn sie, eh der Tag erwacht,
Die ewigen Genossen finstrer Nacht.

Oberon.

Doch Geister von ganz andrer Art sind wir.
Oft mit Aurorens Liebling jagt' ich hier,
Darf wie ein Weidmann noch den Wald durchstreifen,
Wenn sich des Ostens Pforten glühroth streifen

Und, aufgethan, der Meerflut salzig Grün
Mit schönen Strahlen goldig überglühn.
Doch trotzdem eile dich und säume nicht,
Vollbracht sei alles, eh der Tag anbricht.

(Oberon ab.)

Puck.

Auf und ab, kreuz und quer
Führ' ich sie im Wald umher;
Dorf und Stadt scheut mich gleich sehr,
Kobold, führ sie kreuz und quer.
Da kommt der eine.

(Lysander tritt auf.)

Lysander.

Stolzer Demetrius, wo bist du? Sprich!

Puck.

Hier, Schurke, kampfbereit. Wo birgst du dich?

Lysander.

Gleich bin ich bei dir.

Puck.

Gehn wir miteinander
Auf ebnen Grund.

(Lysander ab, wie der Stimme folgend.)

Demetrius (tritt auf).

So rede doch, Lysander!
Bist du entflohn? Ausreißer! Feiger Tropf!
In welchem Busch verbirgst du deinen Kopf?

Puck.

Komm, Feigling, was prahlst du die Sterne an
Und zeigst den Büschen dich als tapfrer Mann,
Und kommst doch nicht? Du kind'scher Wicht, komm her,
Die Ruthe geb' ich dir. Beschimpft ist der,
Der gegen dich das Schwert zieht.

Demetrius.

Bist du dort?

Puck.

Folg' meinem Ruf; hier ist zum Kampf kein Ort.

(Beide ab.)

Dritter Aufzug. Zweite Scene.

(Lysander kommt wieder.)

Lysander.

Er läuft vor mir und trotzt mir doch, der Wicht;
Und folg' ich seinem Ruf, find' ich ihn nicht.
Der Schurke läuft auf flinkerm Fuß als ich:
Schnell folgt' ich ihm, doch schneller floh er mich.
Ich stolperte und fiel im dunkeln Hag,
Und will nun ausruhn hier. (Er legt sich nieder.) Komm, holder Tag!
Sobald das Morgengraun vom Himmel scheint,
Räch' ich den Hohn und treffe meinen Feind.

(Er schläft ein.)

(Puck und Demetrius kommen zurück.)

Puck.

Heda, du Memme! Warum kommst du nicht?

Demetrius.

Steh, wenn du's wagst! Doch weil dir Muth gebricht,
Läufst du vor mir und suchst mich zu umgehn,
Hast nicht das Herz, ins Auge mir zu sehn.
Wo bist du jetzt?

Puck.

Hier. Komm und laß dein Prahlen!

Demetrius.

Du höhnst mich nur; doch theuer sollst du's zahlen,
Seh' ich bei Tageslicht dein Antlitz wieder.
Jetzt geh nur hin! Mich ziehn die müden Glieder
Zur Ruhe nieder auf dies kalte Kissen;
Bei Tage werd' ich dich zu finden wissen.

(Er legt sich nieder und schläft ein.)

(Helena tritt auf.)

Helena.

Langwierige Nacht, beeil' dich zu vergehn!
O Sonne, sei dein Trost mir bald verliehn,
Daß mich dein Licht heimführe nach Athen
Von diesen Männern, die mich Arme fliehn!
Und du, der oft das Auge schließt dem Kummer,
Entzieh ein Weilchen mich mir selbst, o Schlummer!

(Sie schläft ein.)

Puck.

Schlafen drei blos? Fehlt eins hier;
Erst zwei Paare machen vier.

Sieh, da kommt sie, kummervoll.
Schalk ist Amor jeder Zoll,
Macht die armen Weiblein toll.

(Hermia tritt auf.)

Hermia.

So müde und so wehvoll war ich nie,
Voll Thau und dornzerzaust bei jedem Tritt.
Ich kann nicht weiter gehn, mir knickt das Knie,
Mit meinen Wünschen hält mein Fuß nicht Schritt.
Hier will ich rasten, bis der Tag anbricht.
Fällt mein Lysander nur im Kampfe nicht!

(Sie legt sich nieder und schläft ein.)

Puck.

Auf dem Grund
Schlaf gesund;
Durch die Augen
Sollst du saugen
Liebeskräfte, die dir taugen.

(Den Saft auf Lysander's Auge pressend.)

Beim Erwachen
Glücklich machen
Soll dich deiner Liebsten Lachen,
Alte Liebe neu entfachen;
Damit das Sprichwort sich bewährt:
Jedwedem wird sein Theil beschert.
Grete kriegt ihren Hans,
Aus ist der Tanz.
Was sich verloren, kommt zurück
Zu allgemeinem Liebesglück.

(Puck ab. Die andern bleiben schlafend.)

Vierter Aufzug.

Erste Scene.

Ebendaselbst.

Titania und Zettel mit einem Gefolge von Feen. Oberon im Hintergrunde, unbemerkt.

Titania.

Komm, setz dich, mein Geliebter, neben mich:
Ich kose deine Wangen, ganz verloren
In süßer Lust; mit Rosen schmück' ich dich
Und küsse deine schönen langen Ohren.

Zettel.

Wo ist Bohnenblüte?

Bohnenblüte.

Hier.

Zettel.

Kratz' mir den Kopf, Bohnenblüte. — Wo ist Monsieur Spinnweb?

Spinnweb.

Hier.

Zettel.

Monsieur Spinnweb, guter Monsieur, nehmt Eure Waffe zur Hand und tödtet mir eine rothhüftige Biene auf einem Distelkopfe, und, guter Monsieur, bringt mir ihren Honigbeutel. Uebereifert Euch nicht bei der Action und, guter Monsieur, habt Acht daß der Honigbeutel nicht zerbreche; ich möchte Euch nicht von einem Honigbeutel überschwemmt sehen, Signor. — Wo ist Monsieur Senffame?

Senffame.

Hier.

Zettel.

Gebt mir Eure Faust, Monsieur Senffame. Bitte, laßt Eure Complimente beiseite, guter Monsieur.

Senffame.

Was befehlt Ihr?

Zettel.

Nichts, guter Monsieur, als daß Ihr dem Cavalier Spinnweb kratzen helft. Ich muß zum Barbier, Monsieur; denn mein Gesicht kommt mir wunderbar haarig vor, und ich bin ein so zarter Esel, wenn mich mein Haar nur kitzelt, so muß ich kratzen.

Titania.

Soll dich Musik erfreun, mein süßes Herz?

Zettel.

Ich habe ein raisonnabel gutes Ohr für Musik: laßt mir etwas vorpfeifen.

Titania.

Sag', süßes Herz, was wünschest du zu essen?

Zettel.

Meiner Treu, eine Krippe voll Futter: ich könnte euch guten trockenen Hafer kauen. Ich glaube ich habe großen Appetit zu einem Bündel Heu: gutes Heu, süßes Heu, darüber geht nichts.

Titania.

Ein kühner Elfe soll dir frische Nüsse
Aus eines Eichhorns Vorrathskammer holen.

Zettel.

Ein paar Hände voll getrockneter Erbsen wären mir lieber. Aber ich bitte Euch, laßt keinen von Euren Leuten mich stören: es kommt mir eine Exposition zum Schlafen an.

Titania

Schlaf, und mit meinem Arm umschling' ich dich. —
Zerstreut euch, Feen, nach allen Seiten hin. —
(Die Feen ab.)
So zärtlich windet sich das holde Geisblatt
Um seine Blume, so die Epheurante
Um ihres Ulmbaums rauhe Rindenfinger.
Wie lieb' ich dich, o, wie vergöttr' ich dich!
(Sie schlafen ein.)

(Puck tritt auf.)

Oberon (vortretend).

Willkommen, Puck. Siehst du dies holde Schauspiel?
Jetzt flößt mir doch ihr Wahnsinn Mitleid ein.
Da ich sie kürzlich hinterm Walde traf
Für den verhaßten Narren Blumen suchend,

Vierter Aufzug. Erste Scene.

Schalt ich sie aus und ließ sie heftig an,
Weil sie erst eben ihm die haarigen Schläfe
Mit einem frischen duftigen Kranz geschmückt.
Derselbe Thau, der an den Knospen sonst
Erglänzte wie des Morgenlandes Perlen,
Stand in der holden Blumen Augen nun
Wie Thränen, die ob ihrer Schande weinten.
Als ich sie nun nach Herzenslust verhöhnt,
Und sie mit mildem Wort um Nachsicht bat,
Da fordert' ich von ihr das Wechselkind;
Sie gab mir's gleich und ließ durch einen Elfen
Zu meiner Laub' im Feeenland es tragen.
Nun, da der Knabe mein ist, werd' ihr Auge
Befreit von dieser häßlichen Verblendung.
Du, lieber Puck, nimm diese fremde Larve
Vom Kopfe des Gesellen aus Athen,
Daß er, zugleich erwachend mit den andern,
Sich wieder heimbegebe nach Athen
Und alles in der Nacht Geschehne nur
Für Gaukelspiele eines Traumes halte.
Doch erst will ich die Königin entzaubern:
    Sei dein Wesen wie es war;
    Sieh wie vordem wieder klar:
    Cynthia's Knospe soll den bösen
    Bann von Amor's Blume lösen.
Auf, süße Königin! Auf, Titania!

      Titania.

Mein Oberon, was für Gesicht' ich sah!
Mir schien, ein Esel hielt mein Herz gefangen.

      Oberon.

Da liegt dein Lieb.

      Titania.

     Wie ist dies zugegangen?
O, wie mir sein Gesicht jetzt widrig ist!

      Oberon.

Ein Weilchen still. — Puck, nimm den Kopf da weg! —
Titania, mach', daß jetzt Musik die Sinne
Hier dieser fünf noch mehr als Schlaf umspinne.

      Titania.

Auf, schlafbezaubernde Musik, beginne!

Puck (zu Zettel).

Erwachst du nun, magst du mit Selbstvertrauen
Aus deinen eignen Narrenaugen schauen.

Oberon.

Töne, Musik, und wieg' die Schläfer ein!
Komm, Königin, nun bist du wieder mein;
Reich' mir die Hand, den neuen Bund zu weihn.
Und morgen wollen wir im Tanzesreihn
Um Mitternacht auf Theseus' Hochzeit sein
Und Glück und Segen seinem Haus verleihn;
Dort finden sich in liebendem Verein
Mit Theseus dann auch diese Paare ein.

Puck.

Feeenkönig, horch! da klang
Schon der Lerche Morgensang.

Oberon.

Ziehn wir, Kön'gin, allgemach
Still den nächt'gen Schatten nach.
Schneller als der Mondesball
Kreisen wir ums Erdenall.

Titania.

Komm, Gemahl, und sage du
Mir im Flug, wie ging es zu,
Daß man diese Nacht im Schlaf
Bei den Sterblichen mich traf?

(Beide ab.)
(Waldhörner hinter der Scene.)

(Theseus, Hippolyta, Egeus und Gefolge treten auf.)

Theseus.

Such' einer von euch mir den Förster auf;
Denn unser Maienopfer ist vollbracht,
Und da sich schon des Tages Vortrab zeigt,
Soll meine Liebe nun die Jagdmusik
Der Hunde hören. Laßt sie von der Koppel
Im Thal gen Westen. Eilt und sucht den Förster! —
Komm, holde Königin, auf des Berges Gipfel,
Dort oben der melodischen Verwirrung
Des Bellens und des Widerhalls zu lauschen.

Hippolyta.

Ich war beim Hercules und Kadmus einst,
Die mit spartan'schen Hunden einen Bären
In Kretas Wäldern hetzten: niemals hört' ich
Solch laut Getös; denn Himmel, Wald und Quellen
Vereinten mit dem ganzen Umkreis sich
Zu lautem Schall und Widerhall. Nie hört' ich
So süßen Donner, so melodischen Mißklang.

Theseus.

Ich hab' auch Hunde von spartan'scher Zucht,
Mit langen Lefzen und sandfarbigem Fell
Und Ohren, die den Morgenthau wegfegen;
Krummbeinig, wammig wie thessalische Stiere;
Nicht schnell zur Jagd, doch im Gebell wie Glocken
Zusammenschlagend. Schöneres Gebell
Ward nie vom Jagdruf und vom Horn begrüßt
In Kreta, Sparta und Thessalien;
Urtheile selbst. — Doch was sind das für Nymphen?

Egeus.

Herr, dies ist meine Tochter, die hier schläft;
Der da Lysander; da Demetrius;
Die dort des alten Nedar Helena;
Mich wundert's, wie die hier zusammenkamen.

Theseus.

Sie machten ohne Zweifel früh sich auf,
Den Mai zu feiern, hörten unsre Absicht
Und kamen her zu unsrer Festlichkeit.
Doch sag' mir, Egeus, ist nicht heut der Tag,
Wo Hermia sich über ihre Wahl
Entscheiden sollte?

Egeus.

Ja, so ist es, Herr.

Theseus.

Geht, heißt die Jäger sie mit Hörnern wecken.
(*Waldhörner und Jagdgeschrei hinter der Scene. Demetrius, Lysander, Hermia und Helena erwachen und fahren auf.*)
Ei, guten Tag! Sanct-Velten ist vorbei,
Und paaren jetzt sich diese Vögel erst?

Lysander.

Verzeihung, Herr!
(*Kniet mit den andern vor Theseus.*)

Theseus.

Steht alle auf, ich bitte.
Ich weiß, ihr zwei seid schlimme Nebenbuhler:
Wie kommt so holde Eintracht in die Welt,
Daß Haß so fern von Eifersucht sich zeigt,
Ganz ohne Furcht bei seinem Feind zu schlafen?

Lysander.

Herr, nur verwirrte Antwort kann ich geben,
Halb wachend und halb schlafend noch; wahrhaftig,
Weiß ich doch selbst kaum, wie ich hergekommen;
Allein ich glaube — Wahrheit möcht' ich reden,
Und eben jetzt besinn' ich mich, so ist's:
Ich kam mit Hermia her, und in der Absicht,
Fern von Athen an einen Ort zu fliehn,
Wo das Gesetz Athens uns nicht bedroht.

Egeus.

Genug, mein hoher Herr, Ihr wißt genug.
Jetzt auf sein Haupt erbitt' ich das Gesetz. —
Sie wollten heimlich fliehn, Demetrius,
Und durch die Flucht so dich wie mich berauben:
Dich deiner Frau, mich meiner Zustimmung,
Der Zustimmung, daß sie dein eigen werde.

Demetrius.

Herr, Helena sprach mir von ihrer Flucht,
Von beider Absicht, hier zum Wald zu kommen;
Und ich, voll Wuth, verfolgte sie hierher,
Derweil verliebt mich Helena verfolgte.
Doch weiß ich nicht, mein Fürst, durch welche Macht —
Doch eine höhre Macht ist's — meine Liebe
Zu Hermia wie Schnee zerschmolz und jetzt
Mir wie Erinnrung eitlen Tands erscheint,
Worein ich in der Kindheit mich vergafft;
Und meines Herzens ganze Treu und Kraft,
Der Zielpunkt und die Wonne meiner Augen
Ist jetzt nur Helena. Ihr, gnäd'ger Fürst,
War ich verlobt, bevor ich Hermia sah;
Doch wie ein Kranker haßt' ich diese Nahrung.
Gesund und bei natürlichem Geschmack,
Wünsch' ich sie jetzt, ersehne, liebe sie,
Und will treu zu ihr halten immerdar.

Theseus.

Ein glückliches Begegnen, meine Lieben!
Wir reden nachher weiter von der Sache. —
Egeus, Ihr müßt Euch meinem Willen fügen:
Im Tempel sollen diese Paare sich
Zugleich mit uns zu ewigem Bund vereinen.
Und da der Morgen schon zum Theil verstrich,
So werden wir heut keine Jagd mehr halten.
Kommt mit uns nach Athen, zu drein und drein
Ein großes Fest zu feiern im Verein. —
Hippolyta, komm mit.

(Theseus, Hippolyta, Egeus und Gefolge ab.)

Demetrius.

Ununterscheidbar klein erscheint dies alles,
Wie ferne Berge in Gewölk verschwinden.

Hermia.

Mir ist als säh' ich mit getheiltem Auge,
Wo alles doppelt mir erscheint.

Helena.

      Mir auch.
Ich fand Demetrius wie ein Juwel —
Mein, und doch nicht mein eigen.

Demetrius.

          Bist du sicher,
Daß wirklich wir erwacht? Mir scheint's, wir schlafen,
Wir träumen noch. Glaubt ihr denn, daß der Herzog
Hier war und uns befahl mit ihm zu gehn?

Hermia.

Ja, und mein Vater.

Helena.

    Und Hippolyta.

Lysander.

Er lud uns ein, zum Tempel ihm zu folgen.

Demetrius.

Nun wohl, dann wachen wir. Laßt uns ihm folgen
Und unterwegs uns unsre Träum' erzählen.

(Alle ab.)

Zettel (erwachend).

Wenn mein Stichwort kommt, ruft mich, und ich will antworten; mein nächstes ist: „O schönster Pyramus." Heda! Peter Squenz! Flaut, der Bälgenflicker! Schnauz, der Kesselflicker! Schlucker! Potz Blitz, alle davongeschlichen und lassen mich hier schlafen! Ich habe ein äußerst rares Gesicht gehabt. Ich habe einen Traum gehabt; es geht über den Menschenverstand zu sagen, was für ein Traum das war. Der Mensch ist ein bloßer Esel, wenn er sich herausnimmt diesen Traum zu erklären. Mir schien, ich war — kein Mensch kann sagen was. Mir schien ich war, und mir schien ich hatte — aber der Mensch ist ein offenbarer Narr, wenn er sich unterfängt zu sagen, was mir schien, daß ich's hätte. Kein Menschenauge hat's gehört, kein Menschenohr hat's gesehen, keines Menschen Hand kann's schmecken, noch seine Zunge begreifen, noch sein Herz berichten, was mein Traum war. Ich will Peter Squenz bewegen, eine Ballade von diesem Traum zu schreiben; sie soll heißen „Zettel's Traum", weil der Traum sich verzettelt hat, und ich will sie vor dem Herzog am letzten Ende eines Schauspiels singen. Vielleicht, um sie noch angenehmer zu machen, singe ich sie bei ihrem Tode.

(Geht ab.)

Zweite Scene.

Athen. Stube bei Peter Squenz.

Squenz, Flaut, Schnauz und **Schlucker** treten auf.

Squenz.

Habt ihr nach Zettel's Hause geschickt? Ist er heim gekommen?

Schlucker.

Es ist nichts von ihm zu hören noch zu sehen; kein Zweifel, er ist entführt.

Flaut.

Wenn er nicht kommt, so geht's mit dem Spiel in die Brüche; es geht nicht vor sich. Hab' ich recht?

Squenz.

Es geht unmöglich: in ganz Athen lebt kein Mann, der euch den Pyramus so zu Stande bringt wie er.

Flaut.

Nein; er hat geradezu den besten Witz von allen Handwerkern in Athen.

Squenz.

Ja, und auch die beste Figur; und dann ist er ein wahres Phänomen wegen seiner süßen Stimme.

Flaut.

Phönix, mußt zu sagen; ein Phänomen ist, Gott steh' uns bei! ein schlechtes Ding.

(Schnock tritt auf.)

Schnock.

Meisters, der Herzog kommt aus dem Tempel, und es sind da noch zwei oder drei andere Herren und Damen verheirathet. Wenn unser Spiel vor sich gegangen wäre, so wären wir alle gemachte Leute geworden.

Flaut.

O süßer Bramarbas Zettel! So hat er nun sechs Silbergroschen des Tags auf Lebenszeit verloren; die sechs Silbergroschen des Tags waren ihm so gut wie gewiß. Wenn der Herzog ihm nicht sechs Silbergroschen des Tags dafür gegeben hätte, daß er den Pyramus spielte, so will ich gehängt sein; er hätt' es verdient: sechs Silbergroschen des Tags für Pyramus, oder nichts.

(Zettel tritt auf.)

Zettel.

Wo sind meine Herzensjungen? wo sind sie?

Squenz.

Zettel! — O ausbündiger Tag! O gebenedeite Stunde!

Zettel.

Meisters, ich habe euch Wunder zu erzählen; aber fragt mich nicht, was; denn wenn ich's euch sage, so bin ich kein richtiger Athener. Ich will euch alles berichten, gerade wie es gekommen ist.

Squenz.

Laß uns hören, süßer Zettel.

Zettel.

Kein Wort geb' ich von mir. Alles was ich euch sagen will, ist, daß der Herzog gespeist hat. Nehmt eure Anzüge zusammen; feste Schnüre für eure Bärte, neue Bänder an eure Schuh. Versammelt euch sogleich beim Palast; jedermann sehe seine Rolle durch, denn das Kurze und Lange von der Geschichte ist: unser Spiel geht vor sich. Sorgt vor allem dafür, daß Thisbe reine Wäsche anhabe; und laßt den, der den Löwen spielt, seine Nägel nicht beschneiden, denn sie müssen heraushängen als des Löwen Klauen. Und, geliebteste Acteurs, eßt keine Zwiebeln, keinen Knoblauch, denn wir müssen süßen Odem von uns geben, und wir werden dann zweifelsohne sagen hören, es sei eine süße Komödie. Kein Wort mehr: fort mit euch! fort!

(Alle ab.)

Fünfter Aufzug.

Erste Scene.

Ein Zimmer in Theseus' Palast.

Theseus, Hippolyta, Philostrat, Herren vom Hofe und Gefolge treten auf.

Hippolyta.
Theseus, was diese Liebenden erzählen,
Klingt wundersam.

Theseus.
      Mehr wundersam als wahr.
Ich glaube nicht an diese Fabelpossen
Und Feengeschichten. Liebende und Tolle
Sind von so glühndem Hirn, so bildungsreich
Von Phantasie, daß sie weit mehr entdecken,
Als je der kühlere Verstand begreift.
Der Liebende, der Irre und der Dichter
Bestehen ganz und gar aus Einbildung:
Mehr Teufel als die weite Hölle faßt,
Erblickt der Irre; der Verliebte sieht,
Nicht minder irr, die Schönheit Helena's
In einer bräunlichen Zigeunerstirn;
Des Dichters Aug', in schönem Wahnsinn rollend,

Fünfter Aufzug. Erste Scene.

Blitzt auf zum Himmel und herab zur Erde,
Und wie die Phantasie Gebilde schafft
Von unbekannten Dingen, gibt die Feder
Des Dichters ihnen Form und stattet so
Das luft'ge Nichts mit Wohnsitz aus und Namen.
So wundersam ist starke Einbildung,
Daß, wenn sie ahnend eine Freud' empfindet,
Sie schon den Bringer dieser Freude findet,
Wie nachts wol, wenn das Auge furchtsam irrt,
Ihm leicht ein Busch zu einem Bären wird.

Hippolyta.

Doch diese ganze Nachtgeschichte, wie
Sich die Gemüther völlig umgewandelt,
Zeigt mehr als Bilder bloßer Einbildung
Und wächst zu glaubenswerther Wirklichkeit,
Wie seltsam auch und wundersam es klingt.

Theseus.

Hier kommen glückesfroh die jungen Paare.
   (Lysander, Demetrius, Hermia und Helena treten auf.)
Heil, Freunde, Lust und frische Liebestage
Begleiten eure Herzen!

Lysander.

    Noch mehr Heil,
Mein Fürst, werd' Eurem Wege, Tisch und Lager!

Theseus.

Kommt nun; was gibt's für Spiele, was für Tänze,
Um die drei Stunden lange Ewigkeit
Vom Nachtisch bis zur Schlafzeit auszufüllen?
Wo ist der Ordner unsrer Lustbarkeiten?
Was gibt's für Kurzweil? Ist kein Schauspiel da
Zur Lind'rung einer martervollen Stunde?
Ruft Philostrat.

Philostrat.

  Hier bin ich, mächt'ger Theseus.

Theseus.

Sag', welchen Zeitvertreib gibt's für den Abend?
Was für Musik und Spiel? Wie täuschen wir
Die träge Zeit, wenn nicht durch einen Scherz?

Philostrat.

Auf dem Verzeichniß steht, was vorbereitet;
Wählt aus, mein Fürst, was Ihr zuerst befehlt.
(Ihm eine Rolle überreichend.)

Theseus (liest).

    „Der Kampf mit den Centauren, vorgetragen
      Zur Harfe vom Eunuchen aus Athen."
Nein; das erzählt' ich schon Hippolyta
Zum Ruhme meines Vetters Hercules.
    „Der weinberauschten Bacchanalen Wuth,
      Wie sie den Sänger Thraziens zerreißen."
Das ist ein altes Stück, es ward gespielt
Als ich zuletzt von Theben kam als Sieger.
    „Die Musen, wie sie trauern um den Tod
      In Noth verkommener Gelehrsamkeit."
'ne scharfe, tadelsüchtige Satire,
Die schlecht zu einer Hochzeitsfeier paßt.
    „Ein kurz langweilig Spiel von Pyramus
      Und seiner Thisbe; sehr ergötzlich tragisch.
Langweilig kurz! Und sehr ergötzlich tragisch!
Das ist wie glühend Eis und heißer Schnee.
Wie finden wir den Einklang dieses Mißklangs?

Philostrat.

Mein Fürst, ein Stück ist da, zehn Worte lang,
Und also kurz, wie ich je eins gekannt,
Und trotzdem um zehn Worte doch zu lang,
Darum langweilig; denn im ganzen Stücke
Ist nicht ein passend Wort, kein fähiger Spieler.
Und tragisch ist es auch, mein edler Herr,
Denn Pyramus bringt darin selbst sich um.
Als ich die Probe sah, floß mir das Auge
Von Thränen über; aber lust'gre Thränen
Hab' ich vor lautem Lachen nie vergossen.

Theseus.

Wer sind die Leute denn, die darin spielen?

Philostrat.

Hartfäust'ge Handwerksleute aus Athen,
Die ihren Geist bis heut nie angestrengt
Und nun ihr ungeschult Gedächtniß quälten
Mit diesem Stück zu Eurer Hochzeitsfeier.

Fünfter Aufzug. Erste Scene.

Theseus.

Wir wollen's hören.

Philostrat.

Nein, mein edler Herr,
's ist nicht für Euch; ich sah sie's ja probiren:
's ist nichts, rein nichts, es sei denn, Herr, Ihr fändet
An ihrer Absicht Spaß, und daß sie sich
Mit Rollenlernen fürchterlich geplagt,
Damit es Euch gefalle.

Theseus.

Ich will's hören,
Das Stück; denn nichts kann unwillkommen sein,
Was schlichter Sinn und guter Wille bietet.
Führt sie herein! Nehmt, meine Damen, Platz.
(Philostrat ab.)

Hippolyta.

Ich mag nicht gern das Elend überbürdet,
Ergebenheit im Dienst erliegen sehn.

Theseus.

Das sollst du auch, Geliebte, hier nicht sehn.

Hippolyta.

Er sagt, sie können nichts von dieser Art.

Theseus.

Um desto art'ger ist's, für nichts zu danken
Und das Mißglückte für geglückt zu nehmen.
Wo schwacher Wille scheitert, sieht der Edle
Auf das Bestreben, nicht auf den Erfolg.
Wenn ich wo ankam, standen Hochgelehrte,
Mit wohlbedachtem Gruß mich zu empfangen:
Da sah ich oft sie zittern und erbleichen,
Inmitten eines Satzes plötzlich stocken,
Das eingeübte Wort aus Angst ersticken;
Stumm brachen sie dann vor dem Schlusse ab,
Und ich blieb ohne Willkomm. Glaub mir, Theure,
Aus diesem Schweigen hol' ich doch den Willkomm;
Und in der Schüchternheit verlegnen Eifers
Las ich so viel als aus dem Zungenrasseln
Dreister, aufdringlicher Beredsamkeit.

Schlichtheit und Treu, die nicht zu reden wagen,
Hör' ich im wenigsten am meisten sagen.

(Philostrat tritt wieder ein.)

Philostrat.

Beliebt's Eu'r Hoheit? der Prolog ist da.

Theseus.

Laßt ihn herein.

(Trompetentusch hinter der Scene.)
(Squenz als Prolog tritt auf.)

Prolog.

Beleidigen wir, so ist's mit gutem Willen.
Daß keiner eine andre Absicht fände
Als diese. Unsre Kunst euch zu enthüllen,
Das ist der wahre Anfang von dem Ende.
Erwägt denn wohl, wir kommen her trotzdem.
Niemand gedachte, daß es euch erfreue.
Daß unser Spiel euch möglichst angenehm,
Ist unser Zweck nicht. Daß es euch gereue.
Die Spieler sind bereit, und wenn sie kommen,
Vernehmt ihr alles, was ihr schon vernommen.

Theseus.

Dieser Bursche steht mit Punkt und Komma auf gespanntem Fuße.

Lysander.

Er hat seinen Prolog geritten wie ein unzugerittenes Füllen; er versteht den Aufhalt nicht. Eine gute Lehre, mein Fürst: es genügt nicht, daß man spricht, man muß auch richtig sprechen.

Hippolyta.

In der That, er hat auf seinem Prologe gespielt wie ein Kind auf einer Hochflöte: Töne, aber ohne Takt und Stimmung.

Theseus.

Seine Rede war wie eine verfitzte Kette: nichts beschädigt, aber alles verwirrt. Wer kommt nun?

(Pyramus und Thisbe, Wand, Mondschein und Löwe treten als stumme Personen auf.)

Prolog.

Bei diesem Aufzug mögt in Staunen ihr gerathen;
Doch staunt nur immer, bis Wahrheit macht alles klar.
Der Mann ist Pyramus, ich will es euch verrathen,
Die schöne Dame ist Thisbe, sein Lieb fürwahr.
Der Mann mit Mörtel dort und Leim die Wand muß spielen;
Die Wand, die böse Wand trennt die Verliebten schwer,

Fünfter Aufzug. Erste Scene.

Sie können durch den Spalt nur flüstern was sie fühlen,
Und sind dadurch beglückt: erstaunt nicht allzu sehr!
Der Mann dort mit Laterne, mit Dornenbusch und Hund
Stellt euch den Mondschein vor; denn dies sei kundgethan:
Bei Mondschein wollten sie beschließen ihren Bund
Und erst bei Ninus' Grab sich darum treffen an.
Das fürchterliche Thier, das Löwe wird benannt,
Bemerkte Thisbe, die zuerst bei Nacht erschien;
Sie floh erschreckt davon, da sie das Thier erkannt,
Wobei der Mantel ihr zu Boden fiel im Fliehn,
Worauf mit blutigem Mund der Löwe ihn befleckt.
Sogleich kommt Pyramus, ein Jüngling wohlgethan,
Und sieht in seinem Blut den Mantel hingestreckt,
Den seine Thisbe trug, da sie ihm wollte nahn.
Worauf mit seinem Stahl, mit bösem blutigem Stahl,
Er seine Brust durchbohrt, die brave breite Brust.
Im Maulbeerschatten auch schließt Thisbe ihre Qual,
Sie nimmt ihm seinen Dolch und bringt sich um mit Lust.
Das andre wird euch Wand, Mondschein und Löw' erklären,
Sowie die Liebenden, darum laßt sie gewähren.
(Prolog, Thisbe, Löwe und Mondschein ab.)

Theseus.
Es soll mich wundern, ob der Löwe auch sprechen wird.

Demetrius.
Ein Wunder wär's nicht, mein Fürst: warum sollte nicht Ein Löwe sprechen, da doch so viele Esel es thun?

Wand.
In diesem Spiel kommt's vor, das mach' ich euch bekannt,
Daß ich, mein Nam' ist Schnauz, vorstelle eine Wand.
Wenn's euch beliebt, denkt euch die Wand von solcher Art,
Daß ihr drin einen Spalt oder ein Loch gewahrt,
Wodurch das Liebespaar Thisbe und Pyramus,
Wie's wirklich einst geschah, oft heimlich flüstern muß.
Der Mörtel und der Kalk und dieser Stein macht klar,
Ich selbst bin diese Wand, denn das ist wirklich wahr.
Und dieses ist der Spalt zur Rechten und zur Linken,
Durch den die Liebenden scheu flüstern und sich winken.

Theseus.
Kann man von Kalk und Haaren verlangen, daß sie sich besser ausdrücken?

Demetrius.
Es ist die vernünftigste Scheidewand, die ich je habe reden hören, mein Fürst.

Theseus.
Still! Pyramus naht sich der Wand.
(Pyramus tritt auf.)
Pyramus.
O grause, grimme Nacht! O Nacht, so schwarz zu sehn!
O Nacht, die immer folgt dem hellen Tage nach!
O Nacht! o Nacht! o Nacht! Ich fühle Herzenswehn,
Ich fürchte, ganz vergaß Thisbe, was sie versprach;
Und du, o Wand! o Wand! o süße, liebe Wand!
Was mußt du zwischen mir und meiner Thisbe stehn?
O Wand! o holde Wand! o süße, liebe Wand!
Zeig' deinen Spalt, hindurch mit meinem Aug' zu sehn.
(Wand hält die ausgespreizten Finger hin.)
Dank dir, du art'ge Wand! Gott schütze dich dafür!
Allein was seh' ich da? Ich sah nicht Thisbe mein.
O böse Wand, durch dich erscheint kein Segen mir;
Dieweil du mich betrogst, verflucht sei dein Gestein!
Theseus.
Mir scheint, da die Wand Empfindung hat, sollte sie wieder fluchen.
Pyramus.
Nein, wahrlich, Herr, das darf sie nicht. „Verflucht sei dein Gestein", ist Thisbe's Stichwort; sie muß nun auftreten, und ich muß sie durch die Wand erspähen. Ihr werdet sehn, es geschieht so wie ich Euch sagte. Da kommt sie schon.
(Thisbe tritt auf.)
Thisbe.
O Wand, schon oft hast du vernommen mein Geweine,
Weil meinen Pyramus du hast getrennt von mir;
Mein Kirschenmund hat oft geküßt wol dein Gesteine,
Die Stein' mit Kalk und Haar gekittet auf in dir.
Pyramus.
Ich sehe eine Stimm', nun will ich zu dem Loch,
Zu spähn, ob das Gesicht Thisbe's ich hören kann.
Thisbe!
Thisbe.
Mein Lieb! Ich denk', du bist mein Liebster doch.
Pyramus.
Denk' was du willst, ich bin dein Liebster wohlgethan,
Und wie Limander bin ich dir in Treu verbürgt.

Fünfter Aufzug. Erste Scene.

Thisbe.
Und ich wie Helena, bis mich das Schicksal würgt.
Pyramus.
So treu war Schefelus einst seiner Prokrus nicht.
Thisbe.
Wie Prokrus Schefelus, so lieb' ich dein Gesicht.
Pyramus.
O küss' mich durch das Loch von dieser schnöden Wand.
Thisbe.
Ich küsse nur das Loch, dein Mund ist nicht zur Hand.
Pyramus.
Willst du bei Ninni's Grab mich treffen auf der Stell'?
Thisbe.
Ich komme augenblicks, und ging' es in die Höll'.
Wand.
So hab' ich nun als Wand entwickelt meine Rolle,
Drum ist es Zeit für mich, daß ich mich selber trolle.
(Wand, Pyramus und Thisbe ab.)
Theseus.
Nun ist die Mauer zwischen den beiden Nachbarn gefallen.
Demetrius.
Was hilft's, wenn Wände ungewarnt Ohren haben!
Hippolyta.
Dies ist das albernste Zeug, das ich je gehört habe.
Theseus.
Die besten Erzeugnisse dieser Art sind nur Schatten, und die schlechtesten sind nicht schlechter, wenn die Einbildungskraft ihnen nachhilft.
Hippolyta.
Ja, das heißt eure Einbildungskraft, nicht die der Verfasser.
Theseus.
Wenn wir von ihnen nicht schlechter denken, als sie selbst von sich eingebildet sind, so mögen sie für vortreffliche Leute gelten. — Da treten zwei edle Bestien auf, ein Mond und ein Löwe.

(Mondschein und Löwe treten auf.)
Löwe.

Ihr edlen, zarten Frau'n, die schon die Maus erschreckt,
Das kleinste Ungeheuer, das hier am Boden schwebt,
Erzittert nun vielleicht, seid ganz von Furcht bedeckt,
Wenn brüllend wild vor Wuth der Löwe sich erhebt;
Drum wißt getrost, daß ich nur Schnock, der Schreiner, bin,
Kein Löwenmann noch Weib, noch sonst von Löwensinn;
Denn hätt' ich mich zum Kampf als Löwe hergegeben,
Mir würde selber Angst davor, bei meinem Leben!

Theseus.

Eine sehr artige Bestie, und von sehr guter Gesinnung.

Demetrius.

Das Beste an einer Bestie, was ich je gesehen habe, gnädiger Herr.

Lysander.

Dieser Löwe ist ein wahrer Fuchs an Tapferkeit.

Theseus.

Ja, und an Klugheit eine Gans.

Demetrius.

Nicht so ganz, gnädiger Herr; denn seine Tapferkeit raubt ihm seine Klugheit nicht, wie der Fuchs die Gans.

Theseus.

Gewiß, seine Klugheit raubt ihm seine Tapferkeit nicht, denn die Gans entführt nicht den Fuchs. Doch gut: überlassen wir es seiner Klugheit, und hören wir den Mond.

Mond.

Als der gehörnte Mond erscheint hier die Laterne —

Demetrius.

Er sollte die Hörner auf dem Kopfe tragen.

Theseus.

Er ist kein zunehmender Mond; seine Hörner stecken unsichtbar in der Scheibe.

Mond.

Als der gehörnte Mond erscheint hier die Laterne;
Ich selbst erscheine als der Mann in diesem Mond.

Theseus.

Dieser Fehler ist noch größer als alle die andern. Der Mann müßte in der Laterne drin stecken; wie kann er sonst der Mann im Monde sein?

Demetrius.

Er wagt sich nicht hinein, wegen des Lichtes; denn, wie Ihr seht, es ist schon verschnuppt.

Hippolyta.

Ich bin dieses Mondes überdrüßig; ich wollte, er wechselte.

Theseus.

Seine geringe Erleuchtung zeigt, daß er im Abnehmen ist; indessen aus Höflichkeit und der Ordnung wegen müssen wir die Zeit abwarten.

Lysander.

Weiter, Mond!

Mond.

Alles, was ich zu sagen habe, ist, euch zu vermelden, daß die Laterne der Mond ist; ich der Mann im Monde; dieser Dornbusch mein Dornbusch, und dieser Hund mein Hund.

Demetrius.

Ei, alle diese Dinge sollten in der Laterne stecken, denn sie sind ja alle im Monde. Doch still! da kommt Thisbe.

(Thisbe tritt auf.)

Thisbe.

Das ist hier Nina's Grab. Wo aber ist mein Liebster?

Löwe (brüllt).

Oh —

(Thisbe läuft davon.)

Demetrius.

Gut gebrüllt, Löwe!

Theseus.

Gut gelaufen, Thisbe!

Hippolyta.

Gut geschienen, Mond! Der Mond scheint wirklich mit vielem Anstande.

(Der Löwe zerreißt Thisbe's Mantel und geht ab.)

Theseus.

Gut zerrissen, Löwe!

Lysander.
Und so verschwand der Löwe.
Demetrius.
Und dann kam Pyramus.

(Pyramus tritt auf.)

Pyramus.
O süßer Mond, hab Dank für deine sonnigen Strahlen,
Dank, süßer Mond, daß du jetzt strahlst so helles Licht;
Denn bei dem goldnen Glanz und meiner Liebe Qualen
Hoff' ich zu schmecken jetzt hold Thiſpe's Angeſicht.

  Doch, Schmach! Halt ein!
  Was kann das sein?
  Welch Anblick voller Schmerz!
  Seht, Augen, ihr?
  Wie kam das hier?
  O Liebste, süßes Herz!
   Dein Mantel gut
   Gefärbt mit Blut?
  Ihr Furien schreckensbleich,
   Kommt, Parzen, rächt,
   Reißt und zerbrecht
  Den Lebensfaden gleich!

Theseus.
Dieser Ausbruch der Leidenschaft und der Tod einer theuern Freundin könnten einen beinahe traurig machen.

Hippolyta.
Bei meiner Seele, mich dauert der Mann.

Pyramus.
O sprich, warum erschufst den Löwen du, Natur,
Da doch ein schnöder Leu mein holdes Lieb zerriß?
Das ist — nein, nein, das war die schönste Creatur,
Die lebte, liebte, litt, die los' ein Löwe biß!

  Ström', Thränenflut,
  Schwert, trink das Blut
 Der Brust des Pyramus:
  Der linken Brust,
  Wo unbewußt
 Das Herz ausschlagen muß!

Nun bin ich hin
Ganz ohne Sinn,
Mein' Seel' im Himmelreich;
Mund, laß dein Wort!
Mond, mach' dich fort!
Nun stirb, stirb, stirb sogleich!
(Er stirbt. Mondschein ab.)

Demetrius.

Der kann wol sterben, aber nicht verderben; denn es ist nichts daran zu verderben.

Lysander.

Als Nichts schwindet er ins Nichts.

Theseus.

Mit Hülfe eines Wundarztes könnte er wieder aufkommen und uns durch Alliteriren alteriren.

Hippolyta.

Wie geht es zu, daß der Mondschein verschwand, bevor Thisbe zurückkommt und ihren Geliebten findet?

Theseus.

Sie wird ihn bei Sternenlicht finden. Da kommt sie, und ihr Jammer schließt das Stück.

(Thisbe tritt auf.)

Hippolyta.

Um einen solchen Pyramus, dächte ich, braucht sie nicht lange zu jammern; ich hoffe, sie faßt sich kurz.

Demetrius.

Ein Atom wird auf der Wage den Ausschlag geben, wer von beiden besser ist, Pyramus oder Thisbe: er als Mann, Gott behüte uns; sie als Weib, Gott schütze uns.

Lysander.

Sie hat ihn bereits mit ihren süßen Augen erspäht.

Demetrius.

Und so jammert sie, wie folgt.

Thisbe.

Schläfst du, mein Schatz?
Wie, todt am Platz?
O steh auf, Pyramus!

Sprich, holder Knab!
Tod, todt? Ein Grab
Dein Antlitz decken muß?
Dein Lilienmund,
Dein Auge rund
Wie Schnittlauch frisch und grün;
Die Wange blaß,
Die Kirschennas,
Mußt' alles denn verblühn?
Ihr Schwestern drei,
O kommt herbei!
Färbt eure weiße Hand
Mit Blute roth,
Denn in den Tod
Habt ihr mein Lieb gesandt!
Mund, sprich kein Wort,
Stahl, dring sofort
Mir in des Busens Schnee;
Lebt wohl, ihr Herrn,
Ich sterbe gern,
Ade, ade, ade!

(Sie stirbt.)

Theseus.

Mondschein und Löwe sind noch da, um die Todten zu begraben.

Demetrius.

Ja, und die Wand auch.

Zettel.

Nein, ich versichere euch, die Wand ist fort, die ihre Väter schied. Beliebt es euch jetzt, den Epilog zu sehen, oder einen Bergomaskertanz zwischen zweien von unserer Gesellschaft zu hören?

Theseus.

Nein, bitte, keinen Epilog; euer Spiel bedarf keiner Entschuldigung, denn wenn die Spieler alle todt sind, braucht keiner getadelt zu werden. Wahrhaftig, wenn der, welcher das Stück geschrieben, den Pyramus gespielt und sich an Thisbe's Strumpfband aufgehängt hätte, es wäre eine schöne Tragödie gewesen; und das ist es auch, gewiß, und mit großem Fleiß gespielt. Aber jetzt laßt uns euren Bergomasker sehen, und weg mit dem Epilog!

(Tanz.)

Zwölf rief die mitternächt'ge Eisenzunge.
Zu Bett, ihr Freunde! 's ist bald Feeenzeit.
Sonst, fürcht' ich, überschlafen wir den Morgen
So viel, wie wir die Nacht heut überwachten.
Das plumpe Stück hat gut den schweren Gang
Der Nacht hinweggetäuscht. Zu Bett, ihr Freunde!
Zwei Wochen seien dieser Festlichkeit
In nächtlich neuem heitern Spiel geweiht.
(Alle ab.)

Zweite Scene.

(Puck tritt auf.)

Puck.

Hungrig brüllt der Löwe nun,
Heult der Wolf den Mondschein an;
Und nach schwerem Tagwerk ruhn
Schnarchend Gaul und Ackersmann.
Nun verglimmt am Herd die Glut,
Und der Eule schriller Schrei
Mahnt den Kranken trübgemuth
An des Grablieds Melodei.
Aus den offnen Gräbern hüpfen
Jetzt die Geister sich entgegen,
Und sie huschen und sie schlüpfen
Nach den Kreuz- und Kirchhofswegen;
Doch wir Feen, im Reigentanz
Hekate's Gespann umschwebend,
Fliehend vor der Sonne Glanz,
Wie ein Traum die Nacht belebend,
Sind jetzt fröhlich; keine Maus
Störe dies geweihte Haus,
Dessen Flur ich bin erlesen
Rein zu fegen mit dem Besen.

(Oberon und Titania kommen mit ihrem Zuge.)

Oberon.

Laßt das Haus von Licht erschimmern,
Denn die Glut will sich schon neigen;
Hüpft, ihr Elfen, in den Zimmern
Wie die Vögel auf den Zweigen!
Stimmt in dieses Liedchen ein,
Schlingt den luft'gen Feeenreihn!

Titania.

Uebt euch ein den Brautgesang,
Not' auf Note, Wort für Wort;
Hand in Hand, im Feeengang
Laßt uns segnen diesen Ort.

(Gesang und Tanz.)

Oberon.

Nun, bis wir den Morgen sehn,
Schwärmt im Haus umher, ihr Feen.
Segen soll durch uns auf Erden
Heut dem besten Brautbett werden:
Hochbeglückt sei immerdar
Jeder Sproß von diesem Paar!
Treu und Liebe dauernd sein
Soll den Paaren allen drein!
Ihr Geschlecht hab keine Spur
Von den Makeln der Natur:
Hasenscharte, Muttermal,
Böse Zeichen allzumal,
Die der Kinder Leib entstellen,
Soll sich diesen keins gesellen!
Diesen Feldthau, den geweihten,
Sprengt jetzt aus nach allen Seiten,
Jede Fee in ein Gemach,
Und der Segen folg' ihr nach.
Heil und Freude, Glück und Frieden
Sei dem Haus und Herrn beschieden!
Allen hier nun Gute Nacht.
Schwebt von hinnen leis' und sacht;
Trefft mich wenn der Tag erwacht!

(Oberon und Titania mit ihrem Zuge ab.)

Puck (zum Publikum).

Wenn dies Schattenspiel nicht allen,
Wie wir's wünschten, hat gefallen:
Denkt, und nichts ist dann versäumt,
Daß ihr alles nur geträumt;
Nehmt das luftige Gedicht
Für nicht mehr als Traumgesicht.
Wollt ihr Nachsicht mit uns haben,
Bringen wir bald beff're Gaben;

Fünfter Aufzug. Zweite Scene.

Ja, bei meinem Koboldnamen,
Beſſres kommt, ihr Herrn und Damen,
Wird, ſtatt Ziſcheln böſer Zungen,
Beifall unverdient errungen;
Sonſt ſei Puck als Schelm verdammt.
Nun, Gut' Nacht euch alleſammt!
Wenn ihr uns liebt, rührt hübſch die Hände
Und macht dem Spiel ein fröhlich Ende!

(Ab.)

Anmerkungen zu „Ein Sommernachtstraum".

S. 4, Z. 1 v. o: „dem ruhmvollen Fürsten." — Eigentlich „Herzog", duke, wie Shakespeare den Theseus nach Chaucer's „Knightes Tale" betitelt.

S. 8, Z. 15 v. u.:
„Wo ich dich einstmals traf mit Helena
Bei eines Maienmorgens Feierdienst."
Die Feier des Maienmorgens, oder wörtlich nach Shakespeare die dem Maienmorgen dargebrachte Huldigung (observance), bestand darin, daß die jungen Leute beiderlei Geschlechts in der Frühe des Morgens aus der Stadt in den Wald zogen und von dort den bekränzten Maienbaum im feierlichen Zuge hereinholten. Shakespeare fand die Sitte und auch den Ausdruck „to do observance to May" in Chaucer's „Knightes Tale".

S. 8, Z. 11 v. u.:
„Ich schwör' es bei Cupido's stärkstem Bogen,
Bei seinem besten Pfeil mit goldner Spitze,
Bei der Arglosigkeit von Venus' Tauben" —
Die Pfeile Cupido's waren, nach Maßgabe ihrer beabsichtigten Wirkung, mit einer bleiernen oder einer goldenen Spitze versehen. — Die Tauben, auch die den Wagen der Liebesgöttin ziehen, sind ohne Falsch.

S. 9, Z. 4 v. o.: „Dein Auge ist ein Leitstern." — Englisch „lode-star", der Polarstern, der den Schiffern als Leitstern dient.

S. 11, Z. 9 v. u.: „in unserm Zwischenspiel" — Zwischenspiele, „interludes", hießen die auf Belustigung angelegten kurzen dramatischen Aufführungen, welche, nach dem Vorgange der französischen Entremets, besonders unter der Regierung des prachtliebenden Heinrich VIII. in Aufnahme kamen und schon die Keime des eigentlichen Lustspiels enthalten. Die Zwischenspiele dienten hauptsächlich, lange

Anmerkungen zu „Ein Sommernachtstraum". 79

Tafelsitzungen zu unterbrechen, oder in einförmige Festlichkeiten Abwechselung zu bringen; daher auch ihr Name. Die besten Stücke dieser Gattung hatten zum Verfasser John Heywood, einen Mann von gelehrter Bildung, der als Spieler des Spinetts Mitglied der Kapelle des Königs war und seit 1520 für die Bühne zu schreiben begann.

S. 11, Z. 5 v. u.: „Die höchst kläglichste Komödie, und der höchst grausame Tod von Pyramus und Thisbe." — Die ganze „Komödie von Pyramus und Thisbe", wie sie Shakespeare dem „Sommernachtstraum" einflicht, ist offenbar eine Satire auf die damaligen Theaterzustände in London. Viele Stellen sind wahrscheinlich geradezu oder mit geringen Veränderungen den bombastischen Stücken entlehnt, welche vor unserm Dichter und auch noch zu seiner Zeit die Menge enthusiasmirten.

S. 12, Z. 10 v. o.: „ich könnte den Hercules wunderbar spielen" — Hercules war eine Kraftfigur auf der vor-Shakespeare'schen Bühne. In Greene's „Groatsworth of Wit" sagt ein Schauspieler: „Die zwölf Arbeiten des Hercules habe ich schrecklich heruntergedonnert auf der Bühne."

S. 13, Z. 4 v. o.: „Du sollst es in einer Maske spielen." — Die Frauenrollen wurden zu Shakespeare's Zeit durchweg von Knaben und unbärtigen Jünglingen gespielt; Flaut soll daher, um seinen Bart zu verstecken, eine Maske anlegen.

S. 14, Z. 13 v. u.: „entweder mit dem strohfarbenen Bart, oder mit dem orangegelben Bart" u. s. w. — Zettel schlägt, unpassend genug für eine Liebhaberrolle, lauter Bärte vor, wie sie die Spitzbuben, Mörder und Verräther auf der Bühne zu tragen pflegten. Der „französische Kronenbart" ist eine Anspielung auf die corona Veneris.

S. 15, Bühnenweisung: „Puck" — Puck, in seiner eigentlichen Bedeutung ein Dämon oder Kobold, ist der familiäre Name für Robin Good-Fellow. Von den lustigen Streichen Puck's, Oberon's Diener, ist am ausführlichsten die Rede in einem Pamphlet, betitelt: „Robin Good Fellow, his Mad Pranks and Merry Jests", das sich zwar nur in der Ausgabe von 1628 erhalten hat, aber wahrscheinlich schon einmal früher gedruckt und Shakespeare bekannt war.

S. 15, Z. 9 v. u.: „Thau' ich aufs Grün hier Kreise hin." — Die abgezirkelten Kreise auf dem Rasen, in denen die Feen ihre nächtlichen Tänze halten.

S. 15, Z. 7 v. u.: „Die Primeln stehn als Ehrenwacht." — Eine Anspielung auf die stattlichen Edelleute (Pensioners), welche eine Ehrenwache der Königin Elisabeth bildeten. Ihre glänzende Tracht war Gold und Roth.

S. 17, Bühnenweisung: „Oberon und Titania." — Der Name des Elfenkönigs Oberon kommt schon vor Shakespeare in verschiedenen Märchen und Balladen vor, ebenso in einem Drama von Greene (vgl. Bodenstedt, „Shakespeare's Zeitgenossen und Vorläufer", Bd. 3), und am frühesten vielleicht in der englischen Uebersetzung des französischen Romans von Huon de Bourdeaux, welche Lord Berners im Jahre 1579 lieferte. — Titania als Name der Feenkönigin scheint sich vor dem „Sommernachtstraum" nicht zu finden; noch in „Romeo und Julia" nennt unser Dichter die Feenkönigin mit ihrem herkömmlichen Namen Queen Mab.

S. 17, Z. 4 v. u.: „von Perigunen weg." — Im Englischen steht „Perigenia" für Perigone oder Perigouna, wie in North's „Plutarch" die Tochter des grausamen Räubers Sinnis heißt, der den Isthmus von Korinth unsicher machte.

S. 18, Z. 18 v. o.: „Verschlammt vom Lehme liegt die Kegelbahn." — „The nine men's morris is fill'd up with mud." The nine men's morris, oder morrils, wie es eigentlich heißen sollte, ist eine Art von Bretspiel, das noch heute die Hirten in England auf einem dazu hergerichteten Rasenflecke mit Steinen und Pflöcken spielen.

S. 20, Z. 4 v. o.: „auf eine schöne Vestalin" — Unter dieser schönen Vestalin haben die Ausleger, bis auf Delius, meist die auf ihre Jungfräulichkeit sich so viel zugute thuende Königin Elisabeth verstanden, während nach dem Zusammenhang der ganzen Stelle einfach Luna, die Mondgöttin, damit gemeint ist. Warburton bezieht die Vestalin auf Maria von Schottland, die natürlich noch viel weniger damit gemeint sein kann als Elisabeth.

S. 20, Z. 2 bis 15 v. o.: „Grad zu der Zeit" bis „Lieb' in Müßiggang genannt." — „Love-in-idleness", Lieb' in Müßiggang, bezeichnet zugleich die irr und müßig umherschweifende Liebe, und die Blume Viola Tricolor, unser Stiefmütterchen, das dreifarbige Veilchen, auch Dreifaltigkeitsblume oder Jelängerjelieber genannt, mit einem oder zwei purpurfarbigen Blumenblättern. Diese doppelte Bedeutung des Worts macht es erklärlich, daß Oberon für seinen Zweck, solche blinde und unfruchtbare Liebe bei der Titania hervorzurufen, gerade die seiner Absicht schon durch ihren Namen entsprechende Blume wählte, deren eigenthümlich gesprenkelte Färbung zugleich die wunderbare Wirkung erklärt, eine solche Lieb' in Müßiggang hervorzurufen. Die Viola Tricolor war bunt und purpurn erst geworden durch einen Pfeil Cupido's, der eigentlich nicht sie treffen sollte, sondern, eben weil er sein eigentliches Ziel verfehlte, wiederum Lieb' in Müßiggang in doppelter Bedeutung des Worts erzeugte. Daß aber Cupido's Pfeil, selbst so fehlgeschossen, solche gewaltige Wirkung haben konnte, bedurfte ebenfalls, da auf dieser Wirkung des Blumensaftes das ganze Drama beruht, einer wohlmotivirten, die Phantasie der Zuschauer anregenden und fesselnden Erklärung. Cupido's allmächtiger Pfeil konnte nur abprallen von einer unverwundbaren Keuschheit, von der als Vestalin gedachten, soeben im Westen aufgehenden Luna, deren Liebesunempfänglichkeit um so mehr hervortrat, als um dieselbe Zeit eine Sirene mit ihren verführerischen Tönen selbst das wilde Meer bezwang und andere Meere liebebethört aus ihren vorgeschriebenen Bahnen lockte. Um das alles beobachten zu können, mußte Oberon den dazu bequemen Standpunkt eines Vorgebirges wählen, und nur er, nicht Puck, durfte Cupido's Pfeilschuß wahrnehmen, weil sonst Oberon keine Veranlassung gefunden hätte, die Entstehung der Blume so anschaulich zu schildern, wie es für das Verständniß ihrer Wirkung auf seiten des Publikums nöthig war.

S. 21, Z. 8 v. o.:
„Du ziehst mich an, hartherziger Magnet;
Und doch ziehst du kein Eisen an ..."

You draw me, you hard-hearted adamant;
But yet you draw not iron ...

Adamant bedeutet im Englischen zugleich Diamant und Magnet. Es sollte damit zugleich die Härte und die Anziehungskraft des Demetrius bezeichnet werden. „Es gibt heutzutage eine Art Diamant, welcher Fleisch anzieht, und zwar so stark, daß er die Macht hat, die zwei Münde von verschiedenen Personen aneinander zu heften und einem Menschen das Herz aus dem Leibe zu ziehen, ohne daß der Körper an einem Theil beschädigt wird" (Fenton, Gewisse geheime Wunder der Natur, 1569). Hier citirt nach A. Schmidt's Sacherklärende Anmerkungen zu Shakespeare's Dramen, S. 144.

S. 30, Z. 6 v. u.: „und dann laßt ihn seinen wirklichen Namen nennen und offen heraussagen, er sei Schnock, der Schreiner". — Malone citirt dazu aus einer Anekdotensammlung der Zeit Folgendes, was Shakespeare wahrscheinlich hier vorschwebte: „Es wurde der Königin Elisabeth auf dem Wasser ein Schauspiel vorgeführt, und unter andern hatte Harry Goldingham den Arion auf einem Delphin darzustellen: da er aber seine Stimme heiser und unangenehm fand, als er zu singen anfing, so warf er seine Verkleidung von sich und schwur, er sei nichts von Arion, noch er selbst, sondern der rechtschaffene Harry Goldingham; was der Königin besser gefiel, als wenn er seine Rolle aufs beste durchgespielt hätte."

S. 34, Z. 3 v. o.:
   „Der Kukuk gibt manch bösen Wink,
   Den mancher Mann versteht."
Das englische Wort cuckoo enthält hier zugleich eine Anspielung auf den Hahnrei, cuckold, dessen Schicksal der Kukuk in seinem eintönigen Gesange verhöhnt. Diese Anspielung wiederholt sich öfter bei Shakespeare in dieser Verbindung.

S. 46, Z. 11 v. u.: „du bemalter Maibaum" — Die hochgewachsene Helena wird spöttisch mit einem bunten Maienbaum verglichen.

S. 47, Z. 2 v. u.: „Du Knirps, aus krausem Knöterich gemacht..." — Knöterich, eine Pflanze, deren Decoct das Wachsthum eines Menschen oder Thieres hindern sollte.

S. 49, Z. 3 v. u.: „Oft mit Aurorens Liebling jagt' ich hier." — Der Liebling oder Geliebte der Aurora ist Cephalus, der Jäger, den Oberon auf die Jagd begleitet hat. Oberon führt das an als Beweis, daß er nicht wie die Spukgeister beim ersten Tagesgrauen zu entweichen brauche, sondern bis nach Sonnenaufgang bleiben dürfe.

S. 55, Z. 12 v. u.:
   „Cynthia's Knospe soll den bösen
   Bann von Amor's Blume lösen."
Cynthia's Knospe, nach Steevens' Vermuthung gleich Agnus castus, ist die Pflanze, deren Saft Oberon jetzt auf das Auge der Titania drückt, um die Verblendung zu beseitigen, welche vorher der Saft der Viola Tricolor bewirkt hatte.

S. 64, Z. 11 v. o.:
   „Die Musen, wie sie trauern um den Tod
   In Noth verkommener Gelehrsamkeit."
Warton hält es für möglich, daß Shakespeare hier auf ein Gedicht Spenser's: „The Teares of the Muses" (zuerst gedruckt 1591, aber wahrscheinlich viel früher verfaßt) anspiele. In diesem Gedicht werden die neun Musen nacheinander redend eingeführt, wie sie den Verfall der Kunst und Wissenschaft und die Misachtung derselben zu jener Zeit bitter beklagen.

S. 67, Z. 15 v. o.:
   „Worauf mit seinem Stahl, mit bösem blutigem Stahl,
   Er seine Brust durchbohrt, die brave breite Brust."
Shakespeare parodirt hier das affectirte Spiel mit alliterirenden Wörtern, welches die Dichterlinge unter seinen Vorläufern und Zeitgenossen trieben

Anmerkungen zum „Ein Sommernachtstraum".

S. 68, Z. 1 v. u.: „Und wie Limander bin ich dir in Treu verbürgt" u. s. w. — „Limander" ist entstellt aus Leander, „Helena" aus Hero, „Schefelus" aus Cephalus, und „Prokrus" aus Prokris.

S. 74, Z. 9 v. u.: „oder einen Bergomaskertanz" — Die Bergomasker, Landleute aus der Umgegend von Bergamo, galten in Sprache und Manieren für die größten Tölpel in Italien und waren die Rüpel des italienischen Volkstheaters.

S. 75, Z. 2 v. u.: „Stimmt in dieses Liedchen ein." — Das Lied, welches die Elfen hier singen sollen, ist nicht angegeben, weil dasselbe wahrscheinlich in das Belieben der Schauspieler gestellt war.

www.ingramcontent.com/pod-product-compliance
Lightning Source LLC
Chambersburg PA
CBHW032250080426
42735CB00008B/1078